ESSAI

SUR LA

PRIÈRE D'APRÈS L'ENSEIGNEMENT DE JÉSUS

PRÉCÉDÉ D'UNE ÉTUDE

SUR LA

PRIÈRE JUIVE A L'ÉPOQUE DE JÉSUS

PAR

Jules DAUTHEVILLE

MONTAUBAN

TYPOGRAPHIE DE MACABIAU-VIDALLET, RUE BESSIÈRES, 25

—

1881

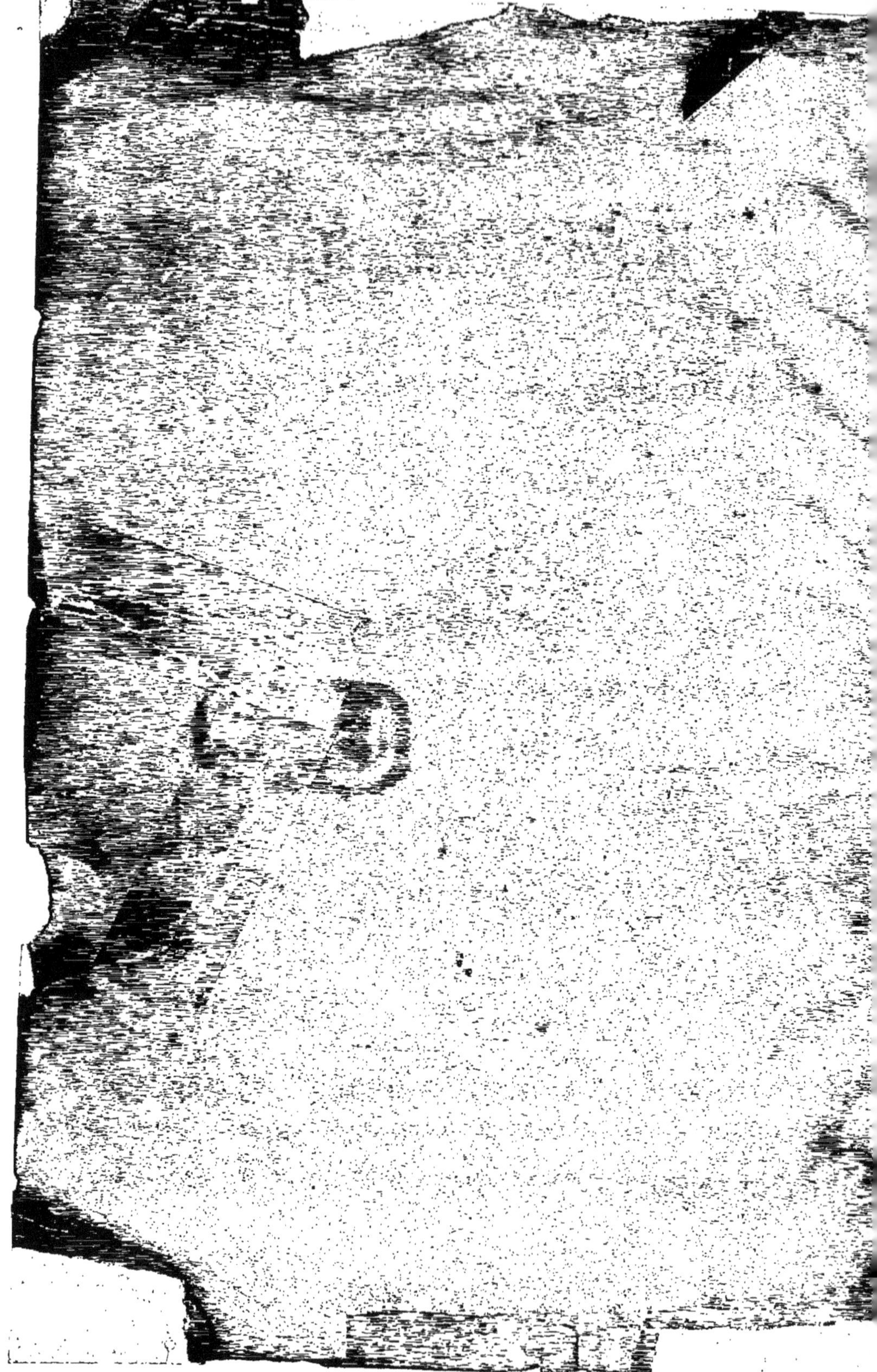

ESSAI

SUR LA

PRIÈRE D'APRÈS L'ENSEIGNEMENT DE JÉSUS

PRÉCÉDÉ D'UNE ÉTUDE

SUR LA

PRIÈRE JUIVE A L'ÉPOQUE DE JÉSUS

—

THÈSE

PUBLIQUEMENT SOUTENUE

DEVANT LA FACULTÉ DE THÉOLOGIE PROTESTANTE DE MONTAUBAN

En novembre 1884

Par Jules DAUTHEVILLE, de Tournon (Ardèche)

Bachelier ès-lettres

Aspirant au grade de bachelier en théologie

MONTAUBAN

TYPOGRAPHIE DE MACABIAU-VIDALLET, RUE BESSIÈRES, 25

—

1881

UNIVERSITÉ DE FRANCE

Académie de Toulouse

FACULTÉ DE THÉOLOGIE PROTESTANTE DE MONTAUBAN

PROFESSEURS

MM.

Bois, Doyen,	*Morale et éloquence sacrée.*
Nicolas ❋,	*Philosophie.*
Pédézert ❋,	*Littérature grecque et latine.*
Monod ❋,	*Dogmatique.*
Bruston,	*Hébreu et critique de l'A.-T.*
Wabnitz,	*Exégèse et critique du N.-T.*
Doumergue,	*Histoire ecclésiastique.*

Leenhardt, chargé d'un cours de *Sciences naturelles.*
Sayous, chargé d'un cours d'*Histoire* et de *Littérature.*

EXAMINATEURS

MM. WABNITZ, *Président de la soutenance.*
NICOLAS ❋.
BOIS.
MONOD ❋

La Faculté ne prétend ni approuver ni désapprouver les opinions particulières du Candidat.

ESSAI

SUR LA

PRIÈRE D'APRÈS L'ENSEIGNEMENT DE JÉSUS

PRÉCÉDÉ D'UNE ÉTUDE

SUR LA

PRIÈRE JUIVE A L'ÉPOQUE DE JÉSUS

———

INTRODUCTION

———

Jusqu'à présent la Prière était un domaine sacré pour tous, respecté de tous. Mais aujourd'hui la science, pour qui tout est profane, le scrute avec son esprit d'analyse, et prétend n'y trouver qu'imaginations, rêveries mystiques, illusions! Ceux qui prononcent ce verdict connaissent-ils bien la prière? Avant de se prononcer, il serait essentiel de connaître à fond cette question : pourquoi y a-t-il des hommes qui prient? Cette question ne peut se résoudre en quelques pages rapides; elle réclame une étude longue, difficile et très vaste; elle tient à la fois au domaine de l'histoire et à celui de la psychologie expérimentale; elle s'applique aux premiers hommes et à leurs descendants jusqu'à nos jours. Elle se place à côté de questions toutes aussi longues et difficiles : quelles sont les diverses conceptions de la prière? Pourquoi chaque peuple, et, dans chaque peuple, chaque génération ont-ils senti le besoin de s'occuper de ce fait : la prière? Pourquoi la grande révolution morale et religieuse, qui a enfanté l'ère chrétienne, s'est-elle faite précisément à l'époque où Jésus donnait de la prière une notion claire et précise? Que de questions à connaître avant de condamner la prière? Que la science s'occupe de la prière, c'est nécessaire, c'est même indispensable; mais qu'elle s'en occupe avec un esprit sérieux et consciencieux, rejetant tous ces *à priori* qui jugent la question sans qu'elle soit connue.

Parmi les questions dont nous parlons, il en est une particulièrement intéressante : Quelle idée Jésus avait-il de la prière? Notre désir est de donner sur ce point non pas une étude approfondie, mais un aperçu, une ébauche. Savoir aussi nettement que possible ce que Jésus pensait de de la prière, tel est notre but. Mais pour bien saisir cet enseignement, il faut connaître à fond le milieu où Jésus l'a professé. Jésus, en effet, s'est sans cesse rappelé qu'il parlait à des juifs; sans cesse il est entré en lutte avec leurs préjugés, leurs mœurs touchant la prière. Son enseignement tendait à réformer le leur. Quelle est donc la notion juive sur la prière à l'époque de Jésus-Christ?

Nous étudierons cette question dans une première partie. Il vaudrait la peine de faire de cette question une sérieuse étude; elle est au-dessus de nos forces; notre intention est seulement de donner une caratéristique générale de la prière juive au commencement de l'ère chrétienne.

La source où l'on trouve les plus riches matériaux est, sans contredit, le traité des Berakhoth, où sont renfermées une quantité de réflexions dues aux principaux rabbins juifs. Ce traité nous fait assister à leurs discussions, nous rapporte leurs avis et leur enseignement, et nous indique la manière dont ils commentaient les ordonnances relatives à la prière. Mais la plupart de ces rabbins sont postérieurs à Jésus-Christ; pour ne pas faire d'anachronismes, il est donc essentiel de s'en tenir absolument à l'enseignement de Hillel, de Schammaï, de Gamaliel I. Par ce moyen, nous serons sûrs de connaître réellement ce que pensaient les Juifs sur la prière à l'époque de Jésus. D'ailleurs, les matériaux ne manqueront pas, étant donnée l'importance des écoles de Hillel et de Schammaï.

PREMIÈRE PARTIE

PARAGRAPHE 1er

La notion sur la prière étant étroitement liée à la notion sur Dieu, pour bien connaître la première, il faut étudier la seconde. Dès lors recherchons tout d'abord quelle idée les Juifs se faisaient de Dieu?

Les docteurs et les rabbins avaient profondément médité sur les attributs et l'essence de Dieu. Le triomphe du monothéisme était depuis longtemps assuré; les Juifs de cette époque avaient hérité de leurs ancêtres la croyance en un Dieu personnel, vivant et absolu, l'Etre par excellence. Mais ce Dieu, dans les récits bibliques, se montrait constamment sous la forme humaine; aussi les sages en Israël étaient-ils profondément scandalisés de ces théophanies et de ces anthropomorphismes, ils y voyaient un danger réel; car ils pouvaient donner de Dieu une idée absolument fausse et le faire confondre avec les dieux païens. Comment donc l'Etre spirituel et parfait, par cela invisible, pouvait-il apparaître aux yeux des patriarches et des saints en Israël? Aussi le plus grand souci des sages juifs était-il de faire disparaître ces théophanies et ces anthropomorphismes; et nous voyons, à leur place, dans la version des Septantes, par exemple, des paraphrases et des explications nullement contenues dans le texte original, mais dont l'avantage était d'expliquer, dans un sens spirituel, ces apparitions divines, et ces images anthropomorphiques. De ce spiritualisme poussé à l'extrême sortit la théorie de l'incompréhensibilité de Dieu. « L'Eternel est incompréhensible dans son essence pour « les facultés bornées de l'homme, » s'écrie Jésus fils de Sirach. Et dans l'Ecclésiastique (XLII, 22) Dieu est dépeint comme un Etre tellement au-dessus de la nature humaine qu'il est impossible aux regards de l'homme de pénétrer ses desseins, de scruter ses œuvres. « Ce ne sont plus « seulement les représentations anthropomorphiques qui « donnent de fausses idées de la divinité, les conceptions « les plus élevées de l'esprit humain ne peuvent même « pas la faire connaître telle qu'elle est. Il n'est ni élan « de l'imagination, ni effort de l'intelligence qui puisse « atteindre jusqu'à elle. » M. Nicolas : *Les Doctrines religieuses des Juifs*, 2ᵉ partie, chap. I, § 2, page 179.

Les Juifs de notre époque estimaient Dieu tellement parfait que les facultés de l'homme ne pouvaient le saisir, tellement saint et pur qu'il ne pouvaient entrer en contact avec notre pauvre terre. Le proclamer invisible et incompréhensible, l'éloigner le plus possible de ce monde c'était le meilleur moyen de sauvegarder sa sainteté, de donner une juste idée de son essence éminemment spirituelle.

Il serait faux pourtant de croire que, d'après les Juifs, il y avait un abîme infranchissable entre l'homme et Dieu. L'Eternel, quoique placé dans une demeure qu'il est impossible de connaître, dit Gamaliel, quoique rélégué aussi loin que possible de la terre, s'occupe pourtant de ses enfants, mais les relations entre Dieu et les hommes ne sont pas directement intimes pour les Juifs de cette époque ; ce qui le prouve, c'est le soin jaloux qu'ils mettent à imaginer sans cesse des intermédiaires entre Dieu et l'homme. Dieu s'occupe du monde, mais à l'aide d'un représentant, qui est tantôt sa parole, tantôt sa gloire, tantôt sa schechina ou nuage doré. Nous retrouvons là toujours la même préoccupation d'élever Dieu bien au-dessus de l'homme, de le considérer comme trop pur pour s'unir directement à lui.

Ce que nous avons dit suffit pour donner une idée assez complète du Dieu des Juifs, contemporains de Jésus-Christ.

Etant donnée une telle notion de Dieu, nous en tirons la conclusion suivante, fort utile pour notre étude. Les éléments essentiels des rapports entre Dieu et les Juifs de cette époque devaient être : Avant tout, la *Bénédiction* et la *Louange ;* sans cesse, en effet, il fallait louer et bénir cet Etre tellement supérieur, tellement grand, tellement saint et pur : « Exalte la grandeur de Dieu par des hym-« nes ; réunis toutes les forces de ton esprit pour les « rendre plus beaux ; ne te lasse point, tu ne viendras « jamais à bout de célébrer convenablement le Seigneur, » dit Jésus fils de Sirach (Ecclésiastique, XLII, 1). Et enfin, le *Recours* à cet Etre tout puissant. Mais ce qui manquait à ces rapports, et c'est un fait assez important à noter, c'est l'*Intimité,* qui seule crée la véritable communion entre deux êtres. Le Juif en face de son Dieu avait l'attitude du *serviteur en face du maître.* Nous verrons plus loin l'utilité de cette conclusion pour notre étude.

PARAGRAPHE II

Il est un autre fait important à noter ; c'est ce que nous pourrions appeler le *légalisme* juif donnant naissance à la loi de l'*opus operatum*. Avec la restauration morale du judaïsme, après l'exil, commence l'ère du légalisme. Les Juifs se trouvaient en face d'une loi absolue à accomplir; ils devaient s'y soumettre dans leur vie toute entière; aussi, peu à peu, tout ce qui touchait à la morale, à la piété, à la vie religieuse, devint objet de jurisprudence morale; la vie toute entière s'enfermait dans la légalité. C'était le règne de la sainteté légale. Par la force même de la logique qui se trouve dans les choses humaines, on en vint à penser que la morale était l'accomplissement de la loi, et de toute la loi jusque dans ses moindres détails. Il ne s'agissait donc plus d'interroger sa conscience sur ce qui était bien ou mal, mais de consulter la loi; rien n'était laissé à l'originalité, à l'initiative individuelle et privée. Le Juif pieux devenait une machine à accomplir la loi.

Et pourtant l'enthousiasme du Juif pour la loi était considérable. Il est aisé de le comprendre; chaque commandement accompli méritait une récompense; de même qu'un commandement violé amenait un châtiment; il s'établissait ainsi un vrai compte courant entre Dieu et le Juif. Ce dernier vivait en mercenaire et n'accomplissait les rites de la Synagogue qu'en vue de la récompense promise. La loi prenait à ses yeux une valeur incomparable puisque, l'accomplir littéralement, c'était acquérir la sainteté. Ainsi s'établissait la loi de l'*opus operatum*, en même temps que s'accomplissait le travail de la réglementation des consciences, et de leur asservissement sous le joug de la loi.

Il nous importait beaucoup de rappeler ce caractère essentiel du Juif contemporain de Jésus; le type bien connu du Pharisien en donne la meilleure idée. Dès maintenant nous soupçonnons ce que devait être la

prière pour |les Juifs, puisqu'elle aussi était nécessaire-
ment l'objet d'un règlement.

PARAGRAPHE III

Il est difficile de savoir d'une manière nette et précise
ce que pensaient les Juifs sur la prière, considérée en
elle-même; nulle part il n'est dit clairement, ce qu'était
cet acte de prier. D'une façon générale pourtant, nous pouvons dire que la prière était avant tout aux yeux des Juifs
un acte du culte rendu à Dieu.

Et en effet, si l'on décompose les éléments de la prière
juive de cette époque, on y retrouve cette idée de culte.
Au paragraphe Ier du chapitre v de la Mischna (traité des
Berakhoth, Talmud de Jérusalem) il est dit : « On ne se
met à prier que sous l'impression du respect divin. Les
anciens savants attendaient un instant avant de prier,
afin de se recueillir et de penser à Notre Père qui est aux
cieux. Si le roi même les saluait, ils ne répondaient pas ;
ils ne seraient pas interrompus, eussent-ils eu un serpent
attaché au talon ». Penser à Dieu d'une telle façon, se
mettre sous l'impression du respect divin, n'est-ce pas se
préparer précisément à adorer Dieu? Ne trouvons-nous
pas ici *l'idée de culte ?* En outre le souci constant du Juif
est de *louer* Dieu et de le *bénir* avant et après tout acte de
la vie ; ces *bénédictions,* ces *louanges,* le Juif les appelle
des prières. C'est ainsi qu'un traité spécial est consacré à
la prière, dans le Talmud, et ce traité se nomme le traité
des Berakhoth, des *bénédictions.* Enfin, nous avons vu que
les principaux éléments des rapports entre Dieu et le
Juif était la *bénédiction* et la *louange :* étant donc donnée
la notion que les Juifs avaient sur Dieu, pour eux, prier
devait être synonyme de *bénir,*

Sans nul doute, prier c'était se mettre en rapport avec Dieu ; mais ce rapport n'était pas une véritable union, une communion intime. Et pourquoi ? par la raison bien simple que l'attitude du Juif à l'égard de Dieu était celle du serviteur vis-à-vis du Maître.

Certainement aussi, le Juif, dans la prière, implorait le secours de Dieu ; et, dans ce cas, la prière prenait le caractère d'une supplication, d'une *demande*. Le Juif avait besoin, comme tout homme, du secours divin ; il sentait ce besoin, et, par la prière, il exprimait ses désirs, il demandait l'aide et l'appui du Très-Haut. Cet élément de la prière juive est trop évident pour qu'il soit nécessaire d'insister davantage. Mais il ne faudrait pas en conclure que prier pour le Juif, c'était s'unir intimement à Dieu, en lui révélant, comme à un ami, ses besoins. S'il fallait tirer cette conclusion, elle contredirait ce que nous avons dit plus haut. Non, le Juif présentait ses demandes à Dieu ; mais, comme le serviteur présente les siennes au maître, et comme le mercenaire fait connaître les siennes à son chef.

Nous voyons donc que les éléments essentiels de la prière juive étaient : *la bénédiction, la louange, l'action de grâces, et la demande ;* et que son attitude en priant était celle du *serviteur à l'égard d'un maître tout puissant,* avec lequel il ne pouvait entrer en rapport direct, ni former cette union intime qui fond ensemble deux vies. La prière était donc surtout un *culte ;* s'il en était ainsi, elle devait devenir *un acte extérieur.* Nous allons en effet le constater.

PARAGRAPHE IV

Les rabbins et les docteurs se contentaient-ils de donner sur la prière cette notion générale ? Laissaient-ils à chaque Israélite l'initiative nécessaire pour formuler lui-même ses bénédictions comme bon lui semblerait, et dire dans la prière ce que lui dicteraient sa conscience et son cœur ? Leur suffisait-il de mettre le Juif en présence de Dieu, et consentaient-ils à ignorer ce qui se passait entre eux ? Ce serait une grave erreur de le croire. Rappelons-nous en effet la manière dont était généralisée, chez les Juifs, la réglementation de la conscience, et comment tout acte quelconque était devenu objet de jurisprudence dans ses moindres détails. La prière, était considérée comme *acte particulier de piété religieuse;* à ce titre, elle tombait sous le joug de la loi.

Tout d'abord, et c'est un premier fait à noter, le Juif n'était pas libre de prier comme bon lui semblait. Ce qu'il devait dire chaque jour dans ses prières était réglé d'avance. La prière devenait ainsi une *récitation* de *formules* fixes et précises. Le traité des Berakhoth contient un grand nombre de ces *formules* de prière, bénédictions ou actions de grâce. Les deux principales sont : le *shema* et le *shemoné essré* ou *amida.* La première, ainsi nommée d'après ses premiers mots : Ecoute Israël (Deut. vi, 4-9; xi, 13-21; Nombres, xv, 37-41), est une sorte de *profession de foi.* Nous en reparlerons plus tard. La seconde, ainsi désignée d'après les dix-huit bénédictions qui la composent, a pour but de célébrer Dieu et d'exposer les besoins de l'homme (1). Nous y reviendrons aussi. Formules des plus

____

(1) La prière des dix-huit bénédictions n'existait pas à l'époque de Jésus et avant lui sous la forme qu'on lui donna plus tard, lorsque fut formé le Talmud. Mais elle était certainement connue à l'époque de Jésus dans ses éléments principaux, puisqu'au paragraphe 3 du ch. iv de la Mischnâ (traité des Berakhoth) il nous est dit que, selon R. Gamaliel, on doit réciter tous les jours les dix-huit bénédictions.

importantes puisqu'elles constituent la prière journalière de chaque Juif.

Elles sont loin d'être les seules. Il y a des formules de bénédiction qui précèdent et suivent le *shema*. Il y en a qui accompagnent tout repas. Il y en a pour les jours de fête et pour le Sabbat. Mange-t-on un produit quelconque, fruits des arbres, fruits de la terre, vin, pain, légumes? Il y a des formules spéciales à réciter. On doit prononcer une formule particulière quand on voit un endroit où des miracles se sont accomplis, et celui d'où ont été arrachées des idoles; quand on aperçoit des comètes et des étoiles au firmament; quand on éprouve les secousses d'un tremblement de terre; lorsqu'on voit un éclair, qu'on entend le tonnerre, qu'on est dans l'orage, quand on voit les monts, les collines, les mers, les fleuves, les déserts ou que l'on admire l'océan. Si l'on a construit une maison neuve il y a une formule à réciter. En passant par une forteresse on fait deux prières, l'une en entrant, l'autre en sortant, etc. (1). En somme le nombre des formules à réciter chaque jour pour le Juif pieux, est fabuleux.

Avec une telle abondance de formules, la part de l'initiative privée était nulle. Quand il priait, le Juif ne faisait pas appel à sa conscience ou à son cœur, mais à sa mémoire. La prière, loin de sortir de l'âme humaine, était une simple *récitation*. La masse du peuple s'était habitué à la considérer ainsi. Ce qui le prouve, c'est que plus tard les rabbins sentirent le besoin de réagir. Le rabbin Eléazar dit en effet (Mishna, ch. iv, § iv, traité des Berakhoth du Talmud de Jérusalem): « Si l'on dit la prière

(1) Toutes ces prescriptions se trouvent dans les ch. vi et ix de la Mischnâ du traité des Berakhoth.

« comme pour s'acquitter d'une récitation obligatoire, ce
« ne sont point là des supplications. » Et le rabbin Abahou,
dit au nom d'Eléazar, et pour expliquer les termes de la
Mischnâ : « On ne doit pas dire sa prière, comme on lit
« un acte ou un procès-verbal. » Ceci nous prouve que
depuis longtemps avait dû s'établir l'habitude de réciter
machinalement les formules de prière. Cette habitude
existait certainement à l'époque de Jésus. Pour faire disparaître cette habitude, il aurait fallu diminuer de beaucoup et le nombre et l'importance des formules à réciter.
Ce que certes l'on se gardait bien de faire. C'était une nécessité si grande de réciter exactement la formule que si
l'on se trompait en priant, c'était un fort mauvais présage.
Au contraire quand les expressions arrivent spontanément,
que les lèvres remuent pour ainsi dire d'elles-mêmes, on
peut être assuré que la prière est exaucée (1).

L'importance de ces formules reste donc incontestable,
on ne doit donc pas s'étonner si le Juif pieux ne pensait
qu'à les réciter le plus exactement possible ; et à ne réciter pour toute prière, que ces seules formules. Nous
pouvons donc affirmer, en toute vérité, que la prière, à
l'époque dont nous nous occupons, prenait de plus en plus
le caractère d'une *récitation machinale*.

PARAGRAPHE V

On ne se ferait pas une idée précise de la prière juive,
si l'on ne considérait pas la multitude innombrable de
prescriptions relatives à cette prière. Il suffit, à cet effet,
de feuilleter le traité des Berakhoth pour être vraiment
effrayé de ce qu'avait à faire le Juif, qui voulait accomplir

(1) Mischnâ, ch. v, § 6, traité des Berakhoth, talmud de Jérusalem.

la loi, en ce qui concernait la prière. En considérant cette quantité infinie d'ordonnances, on comprend aisément qu'aux yeux des juifs la prière devait être, avant tout, un *acte extérieur et légal*. Pour prouver ceci il faut rappeler sommairement ces principales prescriptions ; nous le ferons en énumérant celles qu'avait à suivre le juif pieux durant une seule journée ; celles surtout dont parlent Hillel, Schammaï et leurs contemporains.

Et d'abord où faut-il prier ? S'il y a une communauté, il vaut mieux prier au temple. En tous cas il importe d'avoir un lieu spécialement réservé à la prière ; ce lieu ne doit pas être élevé. Si à l'heure de la prière on n'est pas près du temple ou de la synagogue, on peut prier là où l'on se trouve, dans la rue, au marché, dans la salle des bains, etc...

De quel côté faut-il se tourner pour prier ? Quand on est en Palestine et que l'on voyage, du côté de Jérusalem. Ceux qui demeurent à Jérusalem se tournent vers le temple. Dès le matin, avant de prier, il faut revêtir les *phylactères ou thephilin*. Ils contiennent dans une case de cuir quatre sections du Pentateuque, écrites sur parchemin, savoir : Exode, xii, 1-10 ; 11-16 ; Deut. vi, 4-9 ; xi, 13-21. Il y a deux cases de cuir, donc deux sortes de phylactères. A ces cases sont attachées, selon les prescriptions traditionnelles, des courroies de peau teintes en noir. Une de ces cases, qu'on nomme celle de la tête, se fixe au front à l'aide d'un nœud formé d'avance par ces courroies. L'autre case, dite de la main, s'attache par un nœud coulant au bras gauche au-dessus du coude, et on enroule la courroie sept fois autour du bras, puis aux doigts. Généralement on ne portait les phylactères que pendant la prière. La règle n'est pourtant pas précise sur ce point. En tout cas il est défendu de les garder pendant la nuit. On ne doit pas les mettre dans un lieu profane, comme, par exemple, une salle de bains. On ne peut les garder en mangeant, à moins que ce ne soit accidentellement. Chaque fois qu'on les met on doit prononcer une certaine formule de bénédiction. Les proches parents d'un mort, pendant le premier jour de deuil, les femmes, les enfants sont dispensés de mettre les phylactères.

Il est un autre genre de vêtement, signe extérieur de la prière ; ce sont les *tsitsith*, sorte de franges formant des glands , on devait les suspendre aux quatre coins des vêtements. Toute une section du shema (la 3e) leur est consacrée. Elles doivent rappeler à l'Israélite les ordonnances divines.

Ainsi revêtu des insignes du culte, l'Israélite peut prier.

Le Juif pieux commence le matin la longue série des prières par la récitation du *shema*. Celui-ci est pourtant précédé de deux bénédictions. Nous avons dit ce qu'était le *shema*. Les prescriptions qui le concernent abondent. On doit le lire ou le réciter chaque matin. A partir de quelle heure ? Lorsqu'on peut distinguer le bleu d'avec le blanc (il s'agit des couleurs qu'ont les fils des tsitsith et qu'il faut pouvoir reconnaître à la clarté du jour, avant de prier). Pour réciter cette prière on a tout le temps qui sépare le moment où l'on peut faire cette distinction et celui où le soleil rayonne ; on a même jusqu'à la 3e heure (9 heures) ; car c'est l'usage des princes de se lever à cette heure. La lecture faite après ce moment n'est pourtant pas sans valeur, elle équivaut à une lecture ordinaire d'un passage de la Thôrâh. (1)

Quelle position doit-on prendre pour lire la shema ?

____

(1) Ces diverses prescriptions se trouvent dans le ch. 1 de la Mischnâ, traité des Berakhoth, talmud de Jérusalem.

l'école de Shammaï prétend qu'il faut se tenir debout le matin (d'après Deut. VII, 7). L'école de Hillel affirme que chacun peut lire à volonté, quelle que soit sa position. La discussion est longue sur ce point. A ce sujet voici un curieux incident : Le rabbin Tarphon raconte qu'il s'est trouvé en voyage et que s'étant penché pour faire la lecture, selon l'avis de Shammaï, il avait couru le danger d'être pris par les brigands, qu'il n'avait pas vus à temps. Tu méritais d'être puni, lui fût-il répondu, pour n'avoir pas suivi l'opinion de Hillel.

Les ouvriers peuvent dire le shema au haut d'un arbre ou d'un mur en construction. Les femmes et les esclaves sont dispensés de cette lecture.

Après le shema, l'Israélite doit réciter la gueoula ; cette formule rappelle la délivrance d'Israël.

Immédiatement après la gueoula, et sans laisser aucune interruption, il faut réciter la prière *shemoné essré* ou *amida*. Cette prière, avons-nous dit, doit suivre la formule de délivrance ; elle se prononce au jour.

On se tient debout pour réciter l'amida et l'on joint les pieds, afin d'imiter les anges, disent les uns ; les prêtres prétendent les autres. Quoique se tenant debout, on doit se courber en récitant certaines parties de l'amida. Chacun varie d'opinion sur l'angle plus ou moins grand qu'il faut faire en se ployant. Les femmes et les enfants doivent réciter l'amida ; c'est un moyen d'attirer sur eux la miséricorde divine. On est dispensé de l'amida lorsqu'on est en deuil d'un proche parent.

Les ouvriers sont autorisés à prononcer cette prière sur le haut du mur qu'ils construisent. Le maître de la maison serait-il sur ce mur ? il faut en descendre pour prier. Est-on sur un figuier ou sur un olivier ? comme il est très fatigant d'en descendre promptement, il est permis d'y rester pour réciter l'amida. Mais on a plus cette permission si on est sur tout autre arbre. Le portefaix, lorsqu'il est chargé, peut réciter l'amida, pourvu que sa charge ne dépasse pas 4 cabs (ce qui est peu); si elle est plus lourde, il doit se décharger (1).

La matinée se passe ainsi en prières continuelles et l'heure du repas arrive. Ce n'est certes pas le repos pour ceux qui auraient déjà assez des prières du matin. C'est le moment des actions de grâces; elles sont aussi nombreuses que les plats du dîner, et même plus nombreuses, puisqu'en général elles précèdent et suivent chaque mets. Nous avons déjà énuméré en partie ces formules de bénédictions.

Pour le froment, l'orge, le vin, la figue, la grenade, l'olive, les dattes et le blé, il faut une bénédiction avant et une après; pour les autres produits une seule suffit. Il y a discussion entre Hillel et Schammaï au sujet des bénédictions pour le repas. Si après le repas on oublie de dire la bénédiction, il faut, selon Schammaï, revenir à la même place pour la dire; selon Hillel, il suffit de la faire à l'endroit où l'on s'en souvient. Jusqu'à quel moment cela se peut-il? jusqu'à ce que la digestion soit faite. Ces discussions portent sur d'autres points, qu'il est inutile de rapporter. Il est plus qu'évident que la casuistique avait beau jeu. (2).

On voit que la part de la prière est grande dans les repas juifs.

Dans l'après-midi, on est tenu de réciter de nouveau l'amida; on peut le faire jusqu'au soir, d'après les uns; plus tard, d'après les autres.

(1) Ces diverses prescriptions se trouvent dans les ch. ii, iii, iv, de la Mischnâ, traité des Berakhoth.

(2) Ch. viii, Mischnâ, traité des Berakhoth.

Au repas du soir, même série d'actions de grâces qu'à celui du matin. D'ailleurs elles se renouvellent quelle que soit l'heure où l'on mange. Enfin le soir, il faut répéter encore la prière des dix-huit bénédictions (en tout trois fois par jour). Cette fois-ci, il n'y a pas d'heure fixe pour la réciter; d'ailleurs, elle est obligatoire, d'après Gamaliel; facultative, disent les autres. Après l'*amida* du soir, il faut réciter le *shema* (en tout deux fois par jour). Il est précédé et suivi de deux bénédictions. L'heure de la récitation du shema du soir varie entre l'instant auquel les prêtres rentrent au temple pour manger de la troumâ ou oblation sacrée, et la fin de la première veille; les autres sages disent jusqu'à minuit, et Gamaliel jusqu'au lever de l'aurore. Si on lit le *shema* trop tôt le soir, le devoir n'est pas accompli (1).

Telles sont les prescriptions à suivre durant une journée. Il est, d'ailleurs, à la porte de toute maison juive un insigne qui rappelle ces prescriptions à l'Israélite : c'est la *Mézouza*, parchemin contenant les versets 4 et 9 du ch. xii et 12 et 20 du ch. xi du Deutéronome. On l'attache aux poteaux des portes.

Nous n'avons certes pas eu l'intention d'énumérer toutes les prescriptions relatives à la prière juive; il y en a de spéciales pour les jours de fêtes religieuses et pour le culte public. Mais nous en avons assez dit pour montrer sous quelle masses d'ordonnances disparaît la prière. Elle devenait ainsi purement et simplement l'accomplissement de la loi; ce n'était plus un *acte intérieur* de l'âme, régi seulement par les lois de la conscience et du cœur; c'était un *acte tout extérieur, fixé, règlementé dans ses moindres détails par la loi,* identique pour tous. Le Juif

(1) Ch. i de la Mischnâ, traité des Berakhoth.

passait ainsi dans le moule de la loi, et en sortait propre
à prier suivant les rites et les ordonnances de la Synagogue.

PARAGRAPHE VI

Loin de diminuer ces prescriptions, on les augmentait
sans cesse; loin de les déclarer plus ou moins nécessaires,
on les prétendait obligatoires; on affirmait que pour bien
prier il fallait s'astreindre à les suivre; la prière était
efficace à cette seule condition : accomplir exactement et
à la lettre les ordonnances qui réglementaient la prière.
C'était donner à ces ordonnances une valeur pour ainsi
dire intrinsèque, c'était faire de l'acte de prier un véritable *opus operatum*.

La valeur que les Juifs accordaient à l'accomplissement
littéral de la loi est un fait évident. On raconte que lorsque
le rabbin Anina-ben-Dosa priait Dieu pour les malades,
il disait de suite : tel mourra, tel vivra. « Comment, lui
« disait-on, sais-tu cela? » « C'est que, répondait-il, si
« je dis ma prière couramment, je sais qu'elle est agréée,
« au cas contraire, je suis troublé, et mon vœu est par
« conséquent rejeté (1). »

On en arrivait à donner une vertu magique à la récitation des formules de prières, faites suivant la règle.

Récitait-on le soir le shema en temps voulu? on était
sur de chasser les démons par ce moyen. Prononçait-on
la formule de bénédiction immédiatement après l'oblation,
comme le voulait la loi? On était certain d'échapper à
Satan pendant le repas. Celui qui récitait l'amida, suivant
la loi, immédiatement après la formule de délivrance, n'a-
vait rien à craindre de Satan durant la journée entière.

(1) Mischnâ, ch. v, S vi, traité des Berakhoth.

On allait même fort loin dans cette voie; et, dans la récitation du shema, on prescrivait de prolonger la prononciation du mot un; car ce mot prolongé assurait, dit-on, la prolongation de jours et d'années heureuses.

Les phylactères, eux aussi (comme le mot l'indique lui-même d'ailleurs), avaient une vertu magique; ils préservaient de certains malheurs, et accomplissaient de vrais miracles.

Ainsi assuré de la valeur des prescriptions relatives à la prière, l'Israélite les exécutait avec un sensible plaisir; chaque ordonnance accomplie littéralement lui valait un exaucement certain. C'était volontairement et de gaieté de cœur qu'il se changeait en une vraie machine. Ce qui se passe dans sa conscience et dans son cœur lui importe fort peu; le poids des ordonnances suffit pour étouffer leurs aspirations; la loi juive se charge, avec sa main lourde et grossière, d'arrêter les battements du cœur, de contraindre la conscience à se plier sous un joug gênant et dur. Aux yeux du monde, le juif pieux était sans cesse en prière; on le voyait dans les rues, sur les places publiques, à la synagogue, au temple, partout, tantôt le corps ployé, tantôt les yeux levés au ciel et les mains jointes. On croirait sans contredit qu'il entretient avec Dieu une étroite union! que l'on s'approche et qu'on écoute; ses lèvres remuent; mais son cœur se tait; ce n'est pas lui qui dicte ces prières, c'est la loi. Cette assiduité à prier, cette humble position, cette ferveur apparente, ce sérieux visage, ce n'est pas sa conscience qui les lui impose, c'est la loi. *L'esprit légal* s'est infiltré dans cette âme, l'a figée, a tari la source de la prière. Dans de telles conditions, l'union avec Dieu est impossible; la prière est *un acte extérieur*, sans valeur morale. A qui la faute? On a enseigné au juif que la chose essentielle, la seule chose nécessaire était d'exécuter rigoureusement la loi ; cela seul rendait juste et saint.

Tel est le milieu où Jésus a donné son enseignement sur la prière ; dès maintenant nous connaissons suffisamment l'idée qu'on se faisait de la prière dans ce milieu ; nous pourrons d'autant mieux saisir l'immense révolution qu'a dû faire naître l'enseignement de Jésus sur la prière.

DEUXIÈME PARTIE

———

L'enseignement de Jésus n'est nullement systématique ; par cela même, il se distingue tout particulièrement des enseignements humains. Aussi n'avons-nous sur la prière que des paroles détachées, ne se comprenant qu'avec les circonstances historiques où Jésus les a prononcées, mais ces paroles sont tellement claires, nettes et pleines d'idées qu'il est facile d'y trouver des réponses à presque toutes les questions qu'on peut faire sur la prière.

Quel est le Dieu qu'il faut prier? L'homme a-t-il besoin oui ou non de Dieu, par conséquent de le prier? Nous grouperons ces deux questions sous la rubrique : *notion que Jésus nous donne sur Dieu et sur l'homme;*

Qu'est-ce que la prière? quel état ou quel acte désigne ce mot ?

Quels sont les éléments de la prière? ou encore, quel est son contenu ?

Que faut-il faire pour bien prier, ou bien : *conditions de la vraie prière?*

Quel est le résultat de la vraie prière? autrement dit, quelle en est *son efficacité?*

Telles sont les questions principales que résoud l'enseignement de Jésus-Christ. Certes notre prétention n'est pas d'épuiser les paroles du Maître ; qui pourrait le faire? mais tout au moins d'y chercher une juste idée de la prière. Nous espérons y arriver une fois, ces questions essentielles résolues.

CHAPITRE Ier

Notion que Jésus nous donne sur Dieu et sur l'homme

§ 1er. — L'axiome tel Dieu, telle prière nous oblige à exposer rapidement ce que Jésus-Christ nous enseigne sur Dieu. Remarquons toutefois qu'enseigner n'était pas pour lui : raisonner, prouver, argumenter, mais tout simplement : affirmer, raconter, annoncer, rendre témoignage. C'est ainsi que Jésus-Christ ne prouve pas Dieu ; il l'affirme. Tout philosophe commence par donner des preuves de l'existence de Dieu, Jésus annonce simplement qu'il est le Fils de Dieu, qu'il a vécu avec Dieu, avant de venir sur la terre. Il se présente donc devant nous comme un témoin qui affirme ce qu'il a vu. Un témoin n'argumente pas, il raconte. Libre à ceux qui l'écoutent de le croire ou de ne le pas croire. Jésus agit en témoin. Son témoignage est la seule preuve qu'il nous donne. Il agit de la sorte, non sans raisons. Il est le seul qui ait vu Dieu ; personne ne peut donc juger si son témoignage est vrai ou faux ; il faut croire ou ne pas croire. Aucun homme ne peut avoir de preuves pour ou contre l'existence de Dieu ; car personne ne connaît Dieu, sauf Jésus (Matth., XI, 27 ; Luc, X, 22 ; Jean, V, 37 ; VI, 46 ; VIII, 19 ; XII, 44 ; XIV, 6-10 ; XVII, 25 et 26). Connaître quelqu'un, c'est savoir ce qu'il est ; deux êtres ne se connaissent bien que si leurs cœurs se sont étroitement unis ; si leurs volontés se sont mises d'accord ; si leurs intelligences ont plongé l'une dans l'autre et pensent la même chose. Pour arriver à une pareille connaissance, il faudrait se voir, s'entendre, vivre ensemble.

Or, qui a vu Dieu? qui a entendu sa voix? qui a vécu avec Lui, personne sauf Jésus le Fils de Dieu. Cette affirmation est-elle vraie? oui, s'il est vrai que Jésus est le Fils de Dieu. Or, Jésus prouve ce fait par ses œuvres, sa vie, son caractère, sa mort. C'est procéder logiquement; un témoin prouve qu'il est digne de confiance, en montrant ce qu'il est.

Jésus connaissant seul parfaitement Dieu, peut seul le révéler, c'est-à-dire le faire connaître aux hommes. Comment? par ses paroles, cela va sans dire. Par quoi, encore? Est-ce en ouvrant le ciel et faisant briller aux yeux des hommes la majesté divine par quelque splendide théophanie, comme le désirait Philippe? (Jean xiv, 8), non certes; Jésus n'emploie pas de pareils moyens; la révélation qu'il nous donne sur Dieu, c'est son apparition, c'est lui-même. En effet Lui, nous pouvons le connaître, dans le vrai sens du mot; et le connaître c'est connaître Dieu (Jean viii, 19; xiv, 7) parce que Jésus-Christ est de même essence que Dieu; il est son représentant, son image. Jésus ne s'impose à personne, libre à chacun de l'accepter ou de le rejeter; mais hors de lui, il n'existe aucune preuve de l'existence de Dieu, aucune connaissance de Dieu; on ne peut se prononcer sur la question de Dieu qu'après avoir connu Jésus. Il savait bien ce qu'il faisait, ce Maître admirable en ramenant la question à ceci : le connaître (Jean xiv, 7). Il la mettait à la portée de tous, et il savait bien qu'on ne pouvait vivre avec Lui, l'entendre, le voir, en un mot le connaître, sans l'aimer croire en Lui, se convaincre qu'il est le fils de Dieu, que donc Dieu existe et lui est semblable.

Méthode admirable que celle-là ! et tout à fait logique et parfaite, étant donnée la nature de la question. Pour se rendre compte de Dieu, en effet, un point de comparaison est nécessaire ; il faut le prendre sur la terre si l'on veut que l'homme le comprenne. Il doit être, il ne peut qu'être ou une personne vivante ou un être abstrait, imaginaire. Si c'est un être vivant ce ne peut être que Jésus ; l'histoire prouve qu'aucun homme ne lui est supérieur. Si c'est un être abstrait, l'esprit ne pourra le former, le construire qu'en prenant les éléments les meilleurs de la nature humaine ; qui donc en fournira la plupart, qui donc les fournira tous ? qui, si ce n'est Jésus-Christ ? Renoncer à le connaître c'est renoncer à connaître Dieu ; le repousser c'est repousser Dieu.

Or, Jésus savait bien que l'âme humaine avait besoin de Dieu, qu'elle le devinait, le soupçonnait le cherchait, mais vainement. Il savait que tous ceux qui avaient voulu sonder le ciel s'étaient heurté à une impossibilité et avaient seulement entrevu quelques pâles reflets de la gloire divine ! il savait que le point de comparaison, dont nous parlions, manquait, que l'âme humaine en souffrait et par cela même était inquiète. S'offrir comme point de comparaison était donc une méthode sublime, car c'était répondre à un besoin profond de l'âme humaine ; c'était mettre de son côté le bon sens et la logique.

La connaissance de Jésus-Christ et les paroles qu'il prononce sur Dieu doivent donc nous donner sur celui-ci une notion exacte et juste. C'est là un fondement inébranlable pour ceux qui pressentent Dieu et sentent le besoin de savoir si réellement il existe et de le connaître. Il suffit de regarder Jésus-Christ pour voir Dieu. Ce regard attentif, donne de Dieu une image vivante et frappante, beaucoup mieux que les meilleures définitions.

Quelle image Jésus veut-il donc graver dans nos cœurs en nous révélant Dieu ? celle d'un Père veillant sur ses enfants. Si le mot employé par Jésus n'est pas nouveau,

l'idée qu'il renferme, l'importance que Jésus y attache,
sont certes chose bien nouvelle. Nouvelle aussi est la manière dont Jésus nous révèle ce que nous pourrions appeler l'histoire de la vie de Dieu. Cette vie a un but, Dieu
a un plan : il veut établir entre les hommes, entre ses
enfants et lui une étroite union. L'homme et Dieu ne
faisant qu'un ! (Jean xv ; vii) quelle conception sublime !
elle transportait, tout d'un coup, l'esprit humain à une
hauteur morale inconnue jusqu'alors ; elle déchirait le
voile qui lui cachait le monde des esprits, elle lui en
montrait toute la beauté, toute la réalité, toute la grandeur, lui en révélait les lois sublimes. Ce plan de Dieu a
son histoire et Jésus nous la raconte, en nous parlant du
royaume des cieux, de sa préparation ; de sa formation,
de l'opposition que lui fait le péché, de la venue du Fils
sur la terre, de l'œuvre que Dieu lui a confiée, en un
mot du salut. Dévoiler le plan de Dieu était le meilleur
moyen de montrer aux hommes ce qu'était Dieu. Et ce
plan magnifique leur révélait un père. Tout ce que Jésus
nous dit sur Dieu, sur sa bonté, sa Providence, son amour,
se résume en ce mot expressif. On en saisit toute l'am-
pleur et tout le contenu en jetant un regard sur le plan
dont nous parlons.

On pourrait construire sur Dieu une notion très complète et très détaillée avec les matériaux abondants et
riches que contiennent les déclarations de Jésus. Ce n'est
pas le lieu ici. Il nous suffisait de noter le caractère
essentiel de cette notion renfermée dans ce mot : le Père.
Etant donnée une telle notion, l'union intime, directe et
constante entre les hommes et Dieu, entre les enfants et
le père, est un idéal qui s'impose de lui-même.

Cet idéal est-il possible ? sans nul doute, d'après Jésus.
Et ici comme auparavant il suit une rigoureuse logique ;

tout à l'heure il était seul à avoir vu Dieu, il affirmait
son existence, et il le faisait connaître à tous ceux qui
s'efforçaient de le connaître lui-même. Maintenant il est
seul à réaliser une union complète avec Dieu, il affirme
que cette union est possible, il offre d'unir à Dieu tous
ceux qui viendront à Lui et commenceront par s'unir à
Lui. Tout à l'heure il était le point de comparaison, il est
maintenant le trait d'union (Jean xiv, 6) ; il est inutile d'expliquer ici comment il est trait d'union ; il suffit de rappeler ce fait.

§ 2. — Ici comme précédemment nous pouvons dire
que Jésus savait bien ce qu'il faisait et ce qu'il disait, il
connaissait les besoins secrets de l'âme humaine et ses
plus nobles aspirations. Nous allons nous en convaincre en
considérant la notion que Jésus nous donne sur l'homme
relativement à ses rapports avec Dieu, non pas sur
l'homme tel qu'il doit être mais sur l'homme tel qu'il
est. A ce point de vue il ne parle pas de l'homme en général; il n'observe pas l'homme, il observe les hommes ;
il prend l'humanité telle qu'elle est, avec sa multitude de
caractères ; vouloir trouver un moule unique, ce serait
violenter la nature. Et pourtant dans la foule qui l'en-
toure Jésus distingue nettement deux catégories d'hommes :
d'un côté ceux qu'il appelle les Justes, de l'autre les péa-
gers, les gens de mauvaise vie, tous ceux qui souffrent.
Justes ! on sait toute l'ironie que renfermait ce mot ! On
connaît la manière dont il flagellait ces prétendus Justes,
ces Pharisiens ! on se rappelle ses dures invectives, ses
vives apostrophes. Il les savait pires que d'autres et pourtant ils les appelaient justes ! et pourquoi ? Parce qu'ils
prétendaient l'être. Ces hommes-là ne voulaient pas de
lui et prétendaient arriver à la sainteté avec leur propre
force. Ils le croyaient ? peu importe à Jésus ; il leur lais-

sait leur illusion. D'ailleurs « ce ne sont pas les bien portants, disait-il, qui ont besoin de médecin, mais ceux qui se portent mal. » Ainsi donc il y a des hommes qui croient se bien porter et refusent le secours du médecin ; celui-ci n'a rien à faire avec eux. Ainsi faisait Jésus ; il allait vers ceux-là seuls qui avaient besoin de lui. Ceux-là ce sont ces foules qui sont dans un état de lassitude et de prostration comme le seraient des brebis sans berger (Matth., IX, 36, Marc, VI, 34) ; ceux-là ce sont ces âmes travaillées et chargées qui ont besoin de repos ; ils forment la catégorie de ceux qui étaient perdus et que Lui, Jésus, est venu sauver. En un mot, ils ont le sentiment qu'ils devraient atteindre la perfection et qu'ils en sont bien loin ; ils sentent leur misère et leur culpabilité, comme aussi leur faiblesse, qui les rend incapables de se réformer, de changer de vie. Sentiment intense, réel et profond qui engendre leur tristesse et leur désespoir. Jésus le découvrait chez la plupart de ses contemporains et d'ailleurs le déclarait naturel à l'âme humaine.

Ce sentiment ne va pas sans un autre ; cet autre est le sentiment qu'on a besoin de s'unir à Dieu, source de vie, de bonheur, de force, à Dieu dont on dépend ; des aspirations secrètes vers Dieu se trouvent chez ceux-là même qui souffrent de leur misère, quelle qu'elle soit, et ces aspirations forment un besoin intense d'aller à Dieu. Et pourtant on sent que c'est impossible, étant donnée soit cette faiblesse, soit cette misère morale ; de là naît le besoin d'un secours divin. On a besoin que Dieu fasse ce que soi-même on ne peut faire. On a besoin de recourir dans sa faiblesse, à cet être supérieur qu'on devine et dont on dépend.

Ceux qui ont de tels besoins et de tels sentiments ont recours à Jésus-Christ, c'est à eux qu'il a à faire ; c'est à

Lui qu'ils ont recours. Il les attire à Lui, ne fait qu'un avec eux ; par cette union il les renouvelle et les transforme ; par sa mort et sa résurrection il les réconcilie avec Dieu. Et ainsi se trouve rétablie cette union avec Dieu, cette relation filiale, voulue par Dieu ardemment souhaitée par ces âmes qui ne pouvaient l'établir eux-mêmes.

Nous voici arrivés à la fin de ce chapitre ; retenons en ceci :

Seul Jésus connaît Dieu, dans le vrai sens du mot ; il le révèle à ceux-là seulement qui commencent par le connaître lui-même et croire en Lui.

Les hommes qui ont en eux le besoin de s'unir à Dieu, et de recourir à Lui à cause de leur faiblesse, se sentent nécessairement attirés vers Jésus. Car, étant données sa vie, sa mort et son œuvre ils sentent et comprennent que l'union avec Dieu est possible, logique et nécessaire.

Tout ceci rend la prière naturelle et légitime et lui sert de fondement inébranlable. Nous allons le concevoir bien mieux, quand nous aurons vu ce que Jésus entend par la prière. Mais nous ne pouvions traiter ce point, sans avoir examiné quel Dieu nous devions prier, ce qui nous fera mieux comprendre ce qu'est la prière ; et sans avoir connu les besoins que Jésus découvre chez l'homme, en ce qui concerne les rapports avec Dieu ; car ces besoins, selon Jésus, créent pour l'homme la nécessité de prier. Le besoin de connaître Dieu, de s'unir à Lui, de communiquer avec Lui conduit, en effet, évidemment à la prière ; d'un autre côté celle-ci n'est possible que si nous sommes sûrs et que Dieu est un être vivant, personnel et spirituel, en un mot un *moi* à qui nous puissions dire : *tu* ; et que la distance qui nous sépare de Lui ne rend pas toute union impossible. Ces besoins Jésus nous les fait sentir, en même temps qu'il les satisfait. Donc, en un mot, *étant donnés nos be-soins* (nous parlons bien entendu de ceux-là seuls qui les ont), *étant donnée la personne de Jésus-Christ, nous sommes forcément, logiquement amenés à communiquer avec Dieu, notre Père, par conséquent à prier.* Ce serait aller contre le bon sens et la raison que de nier cette *nécessité.* C'est donc par des voies directes et sûres que Jésus conduit l'homme à la prière. Elle se fonde sur une *nécessité* ou plutôt sur une loi évidente de notre nature, pourvu toutefois que nous soyons de ceux qui ont les sentiments et les besoins dont nous parlons. Cette prière, qu'est-elle d'après Jésus? Nous allons maintenant le voir.

CHAPITRE II

Qu'est-ce que la Prière?

§ 1er. — Il est utile, tout d'abord, de connaître aussi exactement que possible la signification propre des termes employés dans l'Evangile pour désigner la prière. Ils sont nombreux. Les voici à peu près complètement :

Εὐχή et εὔχομαι. — Προσευχή et προσεύχομαι; — Δέησις et δέομαι. — Αἴτημα et αἰτέω. — Ἐντυγχάνω et ἔντευξις. — Εὐχαριστία et εὐχαριστέω. — Ἐρωτάω. — Εὐλογία et εὐλογέω. — Αἰνέω.

D'une manière générale, ces mots désignent un rapport direct entre deux personnes; l'une des personnes s'adresse à l'autre; ces mots supposent donc un entretien, une conversation. Voyons les plus en détail.

Προσευχή προσεύχομαι et δέησις sont les seuls qui dans les évangiles, soient uniquement employés pour désigner le rapport avec Dieu; à ce titre ces deux mots sont sacrés; tandis que tous les autres, dans l'Evangile, expriment

tout aussi bien une relation profane, qu'une relation
entre l'homme et Dieu, à ce titre ils sont tantôt sacrés,
tantôt profanes.

Le nombre de fois où προσευχή et προσεύχομαι sont
employés, est presque aussi nombreux que celui où les
auteurs sacrés se servent des autres mots pour désigner
la prière.

Dans les synoptiques, ils sont presque seuls employés ;
les autres ne le sont jamais ou presque jamais. Dans le
reste du Nouveau Testament, ces derniers sont bien plus
souvent employés, pourvu toutefois qu'on les réunisse
ensemble, car chacun d'eux séparément est relativement
peu employé. Chose curieuse, l'Evangile de Jean ne se
sert jamais des mots προσευχή et προσεύχομαι; les seuls
qu'il emploie sont αἰτέω, à l'actif et au moyen, ἐρωτάω,
εὐχαριστέω. En somme, sauf dans l'Evangile de Jean, les
deux mots προσευχή, προσεύχομαι sont les plus usités.

Ces deux mots ont pour racine εὐχή, εὐχομαι, auxquels
est joint προς ; εὐχή c'est un vœu, un désir, une volonté ;
εὐχομαι c'est adresser ce vœu, ce désir, cette volonté, soit
à quelqu'un, soit à Dieu. Le sens de cette racine doit, en
partie, devenir le sens des dérivés προσευχή et προσεύχομαι;
mais προς apporte une nouvelle idée. Cette proposition en
composition désigne soit la direction, soit la proximité de
quelque chose ou de quelqu'un, soit l'accès auprès d'une
personne, soit enfin le regard jeté sur quelque chose ou
sur quelqu'un. Dans le cas présent, elle implique l'idée que
celui qui prie s'approche de Dieu, et entre avec lui en
communication; c'est quand il est ainsi en présence de
Dieu, qu'il lui adresse son vœu, son désir.

Προσευχομαι est suivi une seule fois de θεῳ (I Cor. xi, 11)
et une fois de του θεοῦ (Matth. vi, 3). Partout ailleurs θέος
est sous entendu. Ce mot suit quelquefois προσευχή, mais

arement ; προσεύχομαι et προσευχή sont en général employés d'une manière absolue ; toutes les fois par exemple qu'il est dit de tel ou tel : il prie ou il est en prières ; dans ce cas et précisément parce qu'ils sont ainsi employés absolument, ces mots désignent un *état*, c'est-à-dire une *disposition*, une *manière d'être* de l'âme. Nous verrons plus tard quel est cet état ; pour le moment, nous relevons ce fait que les mots en question marquent un certain état.

Plusieurs fois, προσεύχομαι est précédé ou suivi du mot λέγω ou εἰπω (Luc, XI, 2 ; XXII, 41 ; Matth. XXVI, 39, 42 ; Actes, I, 24) ou de οὕτως tenant lieu de λέγω (Matth., VI, 9). Ceci prouve que lorsque l'on est dans l'état indiqué par προσεύχομαι, on peut accomplir certain acte ; dès lors prier c'est à la fois être dans cet état et acomplir cet acte. C'est ainsi que προσεύχομαι est joint une fois à αἴτεισθαι (Marc, XI, 24) ; et de même προσευχή est joint à δέομαι (Rom., I, 10) et aussi αἰτοῦμαι (Matth., XXI, 22).

προσεύχομαι est suivi une fois de τι (Rom., VIII, 26) donc il désigne dans ce cas un acte ; mais naturellement il marque en même temps un état. Il est plusieurs fois joint de même que προσευχή à ἱνα, ἱνα μή, περι, ὑπέρ ; la justaposition de ces mots prouverait qu'il s'agit d'un acte par lequel on désirerait obtenir quelque chose de ce Dieu avec qui on entre en communication. Enfin προσεύχομαι est encore suivi de ταυτα expliqué par εὐχαριστω qui vient après (Luc, XVIII, 11). L'acte accompli serait ici désigné par εὐχαριστειν ; autre part il l'était par αἰτεω, δέομαι. Nous pouvons donc conclure que la signification propre des deux termes προσεύχομαι et προσευχή, la manière dont ils sont employés, leur union aux autres termes αἰτεω, δέησις, etc., prouvent que *la prière implique l'idée d'un certain état, dans lequel on accomplit certain acte.*

Cet acte peut varier, puisque les termes qui le désignent varient. Voyons ces termes.

Δεόμαι, δέησις c'est *demander* quelque chose, poussé par le besoin; j'ai besoin de telle ou telle chose, je la demande à celui qui peut me la donner. Le terme est rendu expressif par l'idée d'indigence (sens du mot latin indigentia) qui est sous entendu.

Λἰτεω, αἰτοῦμαι, αἰτημα mots synonymes des précédents; ils expriment une demande; la différence est qu'ils sont moins expressifs. L'idée de supplication n'y est pas aussi nettement contenue.

Ερωτάω, c'est questionner pour être renseigné; c'est aussi demander pour obtenir.

Εὐχαριστεω, ἐυχαριστια, c'est remercier, rendre grâce, être reconnaissant.

Ἐυλογέω, ἐυλογία, c'est célébrer par des louanges, bénir.

Ἐντυγχάνω, c'est aller auprès de quelqu'un pour obtenir quelque chose; cela peut être ou pour accuser ou pour défendre quelqu'un; si l'on va auprès de Dieu, c'est pour intercéder.

Prier, c'est donc successivement *demander, rendre grâce, intercéder ; c'est accomplir l'un de ces actes pendant que l'on est dans l'état* spécialement indiqué par les termes sacrés; ceux-ci, d'ailleurs, désignent eux aussi, nous l'avons vu, l'action de demander.

Donc, d'après les termes mêmes, la prière désigne à la fois *un état,* une manière d'être et *un acte ;* celui-ci peut varier.

Les paroles de Jésus donnent-elles de la prière une notion semblable? C'est ce qu'il nous faut étudier maintenant.

§ 2. — Pour bien comprendre l'enseignement de Jésus,

il faut, avons nous dit, considérer l'attitude prise par le Maître en face de ceux qui, dans son milieu, dirigeaient le mouvement des idées juives : nous voulons parler des docteurs de la loi, des rabbins, etc. Parmi ceux-ci c'étaient évidemment les Pharisiens qui avaient l'enseignement le plus populaire; eux surtout avaient fait de la prière un acte tout extérieur, un véritable *opus operatum*, éteignant ainsi la vie de la conscience et du cœur. Mais ils avaient su garder aux yeux du peuple l'apparence de justes; et, pour ce peuple être pieux, c'était faire comme les pharisiens; nous parlons, bien entendu, de la masse du peuple. Aussi ceux qui voulaient bien prier, suivaient-ils les prescriptions de la synagogue. Jésus apparaît dans ce milieu. Quelle est sa principale préoccupation? détacher le peuple de la synagogue, des Pharisiens. Avant tout, il poursuit l'affranchissement des consciences; il veut réaliser l'indépendance des cœurs; il les met en présence d'eux-mêmes; il force les Juifs à réfléchir par eux-mêmes; à se poser cette question : ce que l'on nous a enseigné jusqu'à présent, ce que nous croyons, est-ce la vérité? Quand ce travail de la conscience commence, on est sûr qu'une réforme se prépare. A propos de chaque question Jésus s'efforçait d'entreprendre ce travail dans la conscience de ses contemporains. Il en était de la prière comme des autres questions. Il les mettait en face du pharisien priant, et leur demandait : est-ce ainsi qu'on doit prier? il leur montrait pour ainsi dire du doigt cet amas de prescriptions légales sur lesquelles la synagogue inscrivait le nom de prière, et leur demandait : reconnaissez-vous là cet acte si pur, si intime qui s'appelle prier? Il flétrissait la manière de prier, commune aux Pharisiens (Matth., vi, 5; Luc, xviii, 9, *ss*, etc.), à ces hypocrites qui se flattent d'être justes, méprisent les autres, prient, la tête haute, au coin des rues et sur les places, pour se faire remarquer. Il les montrait au peuple et leur demandait si réellement il fallait faire comme eux, prier comme eux. En observant ainsi Jésus dans son milieu, nous voyons qu'il s'opposait nettement à ceux qui dirigeaient le mouvement des esprits à cette époque et qui avaient contribué à répandre parmi le peuple la notion sur la prière, telle que nous l'avons caractérisée plus haut.

S'il faisait ainsi une telle opposition aux idées anciennes, c'est qu'il en avait de nouvelles à faire connaître. S'il s'adressait ainsi à la conscience et au cœur de ses contemporains pour les faire agir sur leur intelligence et la forcer à se soustraire à ces idées anciennes, c'est qu'il savait qu'au fond de cette conscience et de ce cœur se trouvaient cachées les idées nouvelles qu'il voulait mettre en lumière. Il s'efforçait de leur faire considérer la prière telle qu'elle était; et pour cela les faisait regarder en eux-mêmes, en les forçant toutefois à faire abstraction de leurs idées anciennes. Mais il fallait aider ce travail de la conscience et du cœur; il fallait bien dire ce qu'était la vraie prière, et montrer quelle notion nouvelle on devait s'en faire. Aussi Jésus parle-t-il de la prière, mais il en parle d'une façon toute autre que les docteurs et les rabbins; ce ne sont plus les longues formules et les prescriptions sans fin d'autrefois. Jésus ne donne aucune prescription concernant la prière; en cette matière, il laisse libres la conscience et le cœur. Les Pharisiens avaient transporté la prière dans le domaine extérieur, Jésus la ramène dans l'intérieur de l'âme. C'est de l'âme qu'elle doit jaillir, comme l'eau vive jaillit de la source. L'âme a sa vie cachée qu'elle seule dirige et règlemente, grâce au concours de la conscience; vie avant tout originale. Etudier cette vie, en bien connaître le but, c'est se bien rendre compte de ce qu'est la prière. Or, pour Jésus, le but de cette vie doit être l'union avec Dieu. C'est cette union, nous l'avons vu, que Jésus établit, en nous révélant Dieu comme son Père, en satisfaisant le besoin d'un secours divin qu'éprouvent ceux-là seuls qui sentent leur faiblesse et leur culpabilité, en s'offrant lui-même, par sa vie et par sa mort, comme trait d'union. Sa vie entière se passe à réaliser avec ceux qui l'entourent cette union intime; les unissant à lui, il les unit au Père; et il veut que tout homme aille ainsi de lui au Père, et réalise cette unité magnifique dont il nous parle souvent (Jean, XV; Jean, XVII, 21), et qu'il nous donne pour idéal.

En revenant sans cesse sur cette union des âmes, qu'il déclare possible, nécessaire, Jésus faisait pour ainsi dire toucher du doigt à ses contemporains ce monde des esprits qu'ils connaissaient à peine. Tous ses efforts tendaient à rendre populaire cette notion d'un monde moral, autre que le monde matériel où nous vivons, mais tout aussi réel. C'est dans ce monde que vit Dieu; et ce monde l'homme le découvre en lui-même, s'il scrute sa conscience et son cœur. La loi de ce monde est que tous les êtres, qui le peuplent, s'unissent entre eux et ne fassent qu'un avec Jésus et avec Dieu. Cette union comporte un même amour, une même pensée, une même volonté. Si l'âme s'unit à Dieu c'est parce qu'elle veut l'aimer, se soumettre à sa volonté; former son intelligence à son école. L'âme qui poursuit ce but doit avoir avec Dieu des rapports continuels, des entretiens incessants, des échanges d'idées constants; elle doit sans cesse se mettre en *mouvement* pour aller trouver Dieu, dans le monde moral; elle doit s'habituer à produire sans cesse ce *mouvement* actif, régulier; et ainsi elle crée en elle une disposition, une manière d'être, qui est : *l'union avec Dieu*. Quel nom

Jésus donne-t-il à ce *mouvement*, à cet *état*, à cet *entretien?* celui de : Prière. *Prier, serait donc se mettre en mouvement pour aller trouver Dieu, s'unir à Lui, s'entretenir avec Lui,* d'après l'enseignement de Jésus pris dans son ensemble.

§ 3. — Mais il nous faut savoir plus exactement ce que désigne la prière, et ce qui se passe dans cet entretien. Un passage du sermon sur la montagne nous renseignera fort bien à ce sujet (Matth., vi, 5 et *ss.*) : « Lorsque vous priez ne soyez pas comme les hypocrites « qui aiment à prier debout dans les synagogues et au « coin des places. En vérité je vous dis qu'ils ont leur « récompense. Mais toi, quand tu pries, entre dans ta « chambre, ferme ta porte à clef, et prie ton Père qui est « en ce lieu secret; et ton Père qui voit tout ce qui est « secret, te récompensera publiquement. »

Ici se marque très bien l'opposition, signalée plus haut, que Jésus faisait à la manière dont priaient les Pharisiens. Tout était extérieur pour eux. Jésus veut que la prière se fasse dans la solitude et l'intimité; tout doit être intérieur.

Les paroles de ce texte peuvent et doivent se prendre à la lettre, et au figuré. On doit s'isoler pour prier, au point de vue matériel. De même, l'esprit doit repousser tout motif de préoccupation et se concentrer sur la prière.

Avant d'aller plus loin, remarquons aussi que ce passage ne contredit pas Matth. xviii, 19-20; ou peut être plusieurs à prier ensemble; mais tous ensemble doivent s'isoler et entrer dans ce lieu secret.

Ces remarques faites nous pouvons affirmer que ce passage montre la prière telle qu'elle doit être. Il est donc nécessaire de l'étudier en détail.

A celui qui veut prier, Jésus dit d'abord : εἴσελθε εἰς τὸ ταμεῖον. Le ταμεῖον c'est la chambre la plus reculée de la maison et aussi la plus importante; c'est le centre de la maison, la pièce réservée aux maîtres; où plus que partout ailleurs on peut être seul et tranquille. C'est dans cette pièce qu'il faut se rendre pour prier; dès qu'on est entré, on doit fermer la porte; c'est-à-dire rendre la solitude complète, se préserver de toute indiscrétion, se mettre dans les meilleures conditions possibles pour n'être pas dérangé dans ce que l'on va faire. Ces conditions prises on se trouve ἐν κρυπτῷ. Quelqu'un se trouve là, c'est Dieu. Jésus emploie un autre mot : Le Père. Nous en connaissons toute la profonde signification. Ce Père est là βλέπον ἐν τῷ κρυπτῷ; rien n'est caché pour lui; celui qui le prie lui apparaît tel qu'il est. Quand on est ainsi devant ce Père qui voit, on le prie. Telle est la scène que dépeint Jésus en quelques mots. C'est un *rendez-vous* auquel l'homme est convié; un rendez-vous dans un lieu secret. Avec qui? avec le Père, avec celui qui veut ne faire qu'un avec nous. Et pourquoi ce rendez-vous? précisément pour réaliser ce désir du Père, *l'union avec Lui.* Par quel moyen? Par un entretien solitaire et secret, par conséquent intime et confidentiel. Quel sera le sujet de l'entretien? nous mêmes; c'est nous qui devons nous montrer à notre Père, nous faire voir à Lui, nous laisser voir, donc lui exposer nos désirs, nos besoins, nos idées.

Si nous prenons les paroles de Jésus au figuré, nous voyons que la prière comprend plusieurs phases. L'âme doit se mettre, pour ainsi dire, *en mouvement* et aller au rendez-vous où Dieu, le Père, l'attend; elle doit concentrer toutes ses forces pour s'unir à Lui dans un entretien personnel et vivant. Il s'agit donc d'aller à Dieu, la prière est, dans ce cas, un *mouvement;* de lui *parler,* la prière devient un *entretien;* de *s'unir* à Lui, la prière est alors une manière d'être, *un état : l'union avec Dieu.* Nous pouvous ajouter enfin que la prière est une *demande;* ceci n'est certes pas difficile à prouver; les textes abondent : « Tout ce que vous *demanderez* avec foi dans votre prière vous l'obtiendrez » (Matth., xxi, 22 et Marc, xi, 24). » « Tout ce que vous *demanderez* en mon nom je le ferai (Jean, xiv, 12 et *ss.*). » « Si vous demeurez en moi et que mes paroles demeurent en vous, *demandez* tout ce que vous voudrez et cela vous sera accordé. » (Jean, xv, 7). Nous pourrions encore citer Matth., vii, 7-11 ; ix, 38 ; xviii, 19-20 ; xxiv, 20 ; Marc, xiii, 28 ; Luc, xi, 7 et *ss.* ; x, 2 ; Jean, xv, 16 ; xvi, 23 et *ss.* Dans tous ces passages Jésus considère clairement la prière comme une demande adressée par l'homme à Dieu ; l'homme adresserait donc cette prière à Dieu comme il l'adresse à toute autre personne. Ceci suppose qu'il est en présence de Dieu, qu'il lui parle, et s'entretient avec Lui.

On le voit, on pourrait définir la prière de bien des manières. Elle est un *mouvement* de l'âme qui s'élève vers Dieu; dans ce cas, prier désigne *l'élévation* de l'âme vers Dieu. Elle est un *état* de l'âme; dans ce cas prier désigne *l'union* de l'âme avec Dieu. Elle est une *demande* adressée à Dieu, dans un *entretien* qu'on a avec Lui; dans ce cas prier c'est parler à Dieu, entrer en communication directe avec Lui. Autrement dit, elle serait à la fois un *acte* par lequel on va trouver Dieu et on lui parle pour lui demander quelque chose, et un *état* dans lequel on est uni à Dieu, on ne fait qu'un avec Lui. Nous voyons donc que les paroles de Jésus nous amènent à avoir de la prière l'idée que nous en avait donnée l'étude des termes employés pour désigner la prière.

§ 4. — Mais est-il rationnel de réunir ainsi plusieurs idées sous le même mot? La prière peut-elle être à la fois un état et un acte, une demande adressée à Dieu, et l'union avec Lui? Ce mot désigne peut être tantôt l'un, tantôt l'autre? ou même la prière n'est-elle pas simplement et spécialement la demande qu'on adresse à Dieu, absolument comme celle qu'on fait à un homme quelconque? Et ne faudrait-il pas trouver un autre mot pour désigner l'union avec Dieu? N'y a-t-il pas plusieurs paroles de Jésus qui présentent la prière comme une simple demande? la plupart de celles, par exemple, que nous avons citées en disant que, sous un certain jour, la prière était une demande? En outre Jésus ne compare-t-il pas la demande, que nous faisons à Dieu, à celle qu'on fait à un ami, à un père (Luc, XI, 1 et *ss.*, Matth., VII, 7-11), à un juge (XVIII, 1-8)? Tout ceci ne prouve-t-il pas que prier c'est tout simplement demander quelque chose à Dieu sans que cela soit en même temps s'unir à Lui?

Ce serait une erreur de le croire; la prière n'est pas seulement une demande, elle est aussi l'union avec Dieu; on ne peut adresser une demande à Dieu, sans s'unir à Lui; ces deux choses sont intimement liées. Nous l'avons vu clairement en commentant les paroles de Jésus rapportées dans Matth., VI, 5 et *ss.* D'après ces paroles on ne peut adresser une demande à Dieu sans aller le trouver; et surtout sans aller le trouver comme *un père!* on ne peut lui faire une demande sans laisser son cœur supplier le cœur de ce Père, sa propre intelligence sonder, si possible, l'esprit de ce Père, sa volonté se mettre d'accord avec la volonté de Dieu. Or, faire cela n'est-ce pas s'unir à Dieu?

D'ailleurs remarquons que lorsque Jésus compare la demande que nous faisons à Dieu à celle que nous adressons à d'autres personnes, il ne prend pas pour terme de comparaison les personnes les premières venues, un homme quelconque, il prend un ami, un Père; tout autant de

personnes avec qui nous avons un rapport très direct; et
à qui nous n'adressons de demande que précisément parce
que nous avons avec elles un tel rapport; rapport qui
constitue une véritable union.

En outre Jésus parle quelquefois de la prière d'une
manière absolue, sans dire qu'elle est une demande.
Ainsi : « Quand vous êtes debout en prières, si vous avez
quelque chose contre quelqu'un, pardonnez » Marc XI, 25.
Nous avons vu qu'employé absolument ce mot désigne
un état, une manière d'être, un rapport intime entre
l'homme et Dieu. En tout cas, évidemment ici il désigne
autre chose qu'une demande pure et simple; cette autre
chose c'est cette disposition intime et cachée du cœur,
particulière à ceux qui prient, cette vie par excellence qui
est l'union avec Dieu.

Une autre parole de Jésus nous fait tirer la même conclusion, c'est celle-ci : « Veillez et priez » (Marc, XIII, 33;
Luc, XXI, 36). Il s'agit d'un événement plein d'une ma-
jestueuse solennité : la Parousie. « Il s'agira, comme dit
M. Godet, de posséder une force divine, pour ne pas s'af-
faisser à la vue du Fils de l'homme dans sa gloire, et
pour ne pas être forcé de s'écrier : montagnes, tombez
sur moi ». Pour avoir une telle force, il faut être évidemment étroitement uni à Dieu; c'est sans nul doute la
pensée de Jésus; donc la prière désigne ici l'union avec
Dieu. D'autant plus qu'ici encore ce mot est employé absolument.

D'ailleurs, employé ainsi à l'impératif et d'une manière
absolue, il semblerait vouloir dire qu'il faut prier sans
cesse. C'est bien en effet la pensée de Jésus qu'il faut
prier sans cesse. Or, la prière continuelle ne se comprend
que si ce mot désigne l'union de l'homme avec Dieu. Nous
reviendrons sur cette prière continuelle; mais pour le

moment, constatons qu'elle ne peut être autre chose que l'union avec Dieu, ou tout au moins qu'elle est surtout cela.

Il est enfin une autre parole de Jésus qui prouve clairement que prier désigne autre chose qu'une demande pure et simple. Cette parole, la voici : « Tout ce que vous demanderez avec foi, dans votre prière, vous l'obtiendrez. » (Matth., xxi, 22 ; Marc, xi, 24). ἐν signifie dans ou par ; d'ailleurs peu importe. Si prier n'avait été pour Jésus que demander, il aurait simplement dit : tout ce que vous demanderez avec foi, vous l'obtiendrez. S'il ajoute : dans votre prière, c'est que la prière est autre chose pour lui qu'une simple demande. Qu'on rapproche cette parole de celle que nous avons déjà longuement commentée (Matth., vi, 5); celle-là dit en effet d'aller, quand on veut prier Dieu, au rendez-vous où l'on est sûr de le trouver ; prier c'est se mettre en présence de Dieu, en rapport avec Lui, c'est s'unir à Lui. Quand on est ainsi en présence de Dieu, uni à Lui dans un entretien intime, on lui parle, on lui demande avec foi ce que l'on désire. Voilà ce que Jésus a voulu dire en joignant comme il l'a fait dans le passage en question, « demandez » à « dans votre prière ».

Et maintenant nous pouvons affirmer que prier ce n'est pas seulement demander, mais que c'est demander pendant que l'on est uni à Dieu. La prière est simultanément l'acte par lequel on demande quelque chose à Dieu et l'état d'union avec Dieu, dans lequel on se trouve quand on demande quelque chose à son Père.

S'il est vrai que prier n'est pas seulement demander, il est tout aussi vrai que prier n'est pas seulement s'unir à Dieu. Les nombreux textes que nous avons déjà cités rendent cette affirmation évidente. Nous ne pouvons nous unir à Dieu qu'à un seul titre, celui d'enfant de Dieu ;

nous prenons vis-à-vis de Dieu la position d'un fils à l'égard de son père. Or, ce qui caractérise cette attitude, c'est que le Fils a besoin de son Père, et lui expose constamment ses désirs, ses demandes. Notre union a pour point de départ un besoin ; qui dit besoin, dit désir, demande exprimée. D'ailleurs s'unir, c'est vivre ensemble. Vivre ensemble, c'est échanger ses idées, fondre les intelligences, accorder les volontés, laisser les cœurs battre à l'unisson. Or, comme celui avec qui il nous faut vivre, est parfait, tout bon, toute juste, tout puissant, nous aurons sans cesse besoin de le consulter, d'apprendre tout de Lui, de savoir ce qu'il veut, de recourir à sa force dans les moindres détails de la vie. Tout cela, qu'est-ce autre chose, sinon demander ? Nous avons donc raison de dire que ces deux choses : demander quelque chose à Dieu, et s'unir à Dieu, sont étroitement liées et doivent se grouper ensemble sous le même mot : prier.

Il ne faut pas non plus les séparer de ce que nous avons appelé le *mouvement* de l'âme vers Dieu, elles en sont inséparables. Il faut, en effet, un effort pour entrer dans le ταμειον dont parle Jésus (Matth., VI, 5) ; il faut un effort pour s'isoler, concentrer son attention, ne penser qu'à Dieu, se mettre en sa présence, entrer en communication avec Lui ; cet effort se traduit par un mouvement de l'âme ; ce mouvement de l'âme est une élévation vers Dieu. D'un autre côté, considérer la prière comme étant simplement et purement cette élévation (ce que font beaucoup de personnes), ce serait s'opposer directement à l'enseignement de Jésus et vouloir fausser la notion qu'il nous donne de la prière.

Cette élévation, ce mouvement, pris seulement en eux-mêmes, ne seraient plus la prière, mais le recueillement. Or, la prière n'est pas le recueillement : « Dans le recueil-

lement, le rapport avec Dieu est essentiellement une ré-
flexion, une pensée pieuse, nous mettant sans nul doute
en la présence de Dieu, mais d'un Dieu qui apparaît
surtout à la troisième personne. Dans la prière, au
contraire, Dieu immédiatement présent est le Dieu de
la deuxième personne, le toi personnel en regard du moi
humain. Dans le recueillement, le rapport avec Dieu est
d'une nature essentiellement vague et générale ; Dieu
n'est encore que le Dieu de la création, et, tout au plus,
celui de l'Eglise. Dans la prière, le rapport général fait
place à un rapport particulier ; celui qui prie n'invoque
plus le Dieu de l'univers, le Dieu de l'Eglise, mais son
Dieu à lui, le Dieu qui lui est personnellement connu. »
(Martensen, Dogmatique chrétienne, section VI, ch. II,
parag. 3, p. 645). L'élévation de l'âme vers Dieu rentre
donc dans la prière, mais est loin d'en former à elle
seule l'essence.

Ainsi donc et pour nous résumer, prier c'est tout
ensemble : *aller à Dieu, s'entretenir avec Lui pour lui
demander quelque chose, s'unir à lui :* c'est un *acte* et un
état. Autrement dit la prière est *essentiellement et simultanément un mouvement, l'union de l'âme avec Dieu, un entretien,
une demande.*

Voir dans la prière une seule de ces parties c'est s'opposer à l'enseignement de Jésus ; soustraire l'une de ces
parties c'est tronquer la prière, telle que Dieu nous l'a
décrite.

Arrivés au point où nous en sommes nous avons déjà de
la prière une idée nette et claire.

Pour la bien saisir il faut évidemment la décomposer en
ses moindres éléments, tout en se rappelant que, pour
voir la prière telle qu'elle est, il faut maintenir étroitement unis tous ces divers éléments.

Nous en avons décrit la plupart en définissant la prière ; mais toute fois nous les avons examinés par rapport les uns aux 'autres ; il faut maintenant les étudier rapidement chacun en eux-mêmes. D'ailleurs il est quelques-uns de ces éléments dont nous n'avons encore pas parlé ; ce sont les éléments qui composent, outre la demande, ce que nous avons appelé : l'entretien avec Dieu.

CHAPITRE III

Eléments de la prière

§ 1er. — Le premier de ces éléments est : le *mouvement*, puisque, pour prier, l'âme doit aller trouver Dieu. L'âme se meut dans le monde moral absolument comme les corps se meuvent dans l'espace. Jésus, avons-nous dit, en nous révélant ce monde moral, nous a montré que les êtres qui le peuplent devaient vivre ensemble et s'unir. Le centre, le point fixe de ce monde moral, c'est Dieu, c'est vers lui qu'il faut se rendre, c'est autour de lui qu'il faut vivre ; de là résulte un va et vient incessant, un mouvement continuel. D'ailleurs l'âme, se trouvant dans le corps, a tout un champ d'activité dans le monde physique, dans celui que nous voyons et que nous révèlent nos sens. Occupée, distraite par ce monde là, elle ne peut aussi aisément vivre dans le monde des esprits. Ce n'est que par un effort énergique qu'elle peut s'y rendre ; et cet effort se traduit par un mouvement, dans ce cas l'âme se *déplace* et va d'un monde dans l'autre ; c'est là ce que Jésus appelle prier. Remarquons en outre que tout mouvement nécessite un déploiement de force. Si l'âme se meut, c'est que donc elle a de la force, autrement dit une grande puissance d'action et d'impulsion ; et dans ce sens l'âme a de la force absolument comme en ont les agents physiques, quels qu'ils soient. Ainsi donc quand l'âme prie et se met en mouvement pour aller vers Dieu, elle met en action une force très-grande, elle déploie une vigueur, une énergie particulière ; toutes les facultés se tendent, comme se tend un ressort. En somme, à ce point de vue, prier c'est mettre en mouvement, en action une *force considérable*.

§ 2. — Un autre élément de la prière, c'est, avons-nous dit, l'union avec Dieu. Nous savons déjà ce que nécessite l'union avec Dieu ; elle exige la fusion des cœurs, l'échange continuel des idées, des sentiments, des désirs, des projets, l'accord des volontés, en un mot la vie en commun. Si l'homme et Dieu doivent ne faire qu'un, ils sont obligés, qu'on nous permette cette expression, de ne rien faire à l'exclusion l'un de l'autre. On devine aisément les magnifiques horizons que nous ouvre cette vie en commun avec Dieu, telle que Jésus nous la révèle. Horizons magnifiques, étant donné celui avec qui nous devons établir une pareille union, ce Dieu, ce père, source de toute joie, toute science, toute puissance, toute bonté.

Il ne peut y avoir prière, avons-nous dit, que s'il y a union avec Dieu. Mais il est évident que lorsqu'on prie pour la première fois, cette union n'existe pas encore ; on s'adresse à Dieu, sans être encore dans cet état particulier qui constitue la prière et s'appelle la communion avec Dieu. On n'est pas dans cet état, et pourtant l'on prie ? Sans nul doute ; mais même alors on accomplit un acte qui tend à créer cet état ; par cet acte, on s'efforce de s'unir à Dieu. On n'est pas encore uni à Dieu, mais on commence à s'unir ; et ainsi l'élément en question n'est jamais absent de la prière. Seulement il varie, et c'est ce qu'il était important de noter. Notre union avec Dieu a son histoire, dont nous trouvons la raison d'être dans notre nature et dans notre vie journalière. Etant sous l'empire du mal, tantôt nous nous éloignons de Dieu, et tantôt nous nous en rapprochons. Etant sans cesse plus ou moins distraits et préoccupés par les affaires du monde physique et matériel, nous allons plus ou moins souvent dans le monde moral, nous nous rendons plus ou moins souvent auprès de Dieu. Dans ces divers cas, l'union avec Dieu est plus ou moins constante ; tantôt elle se forme, tantôt elle cesse, tantôt elle rcommence ; elle devient donc un acte particulier de la vie de l'âme ; acte que nous reproduisons plus ou moins souvent, et à certaines heures. A ce point de vue la prière est aussi un acte particulier de la vie, comprenant toujours les mêmes éléments ; seulement, dans ce cas, l'union avec Dieu se réduit à un simple acte ; l'état d'union complète n'est pas encore constitué. La vie religieuse et morale influe donc, dans cette mesure, sur la prière.

Mais l'union avec Dieu, quoique commençant par n'être qu'un simple acte, tend constamment à devenir une disposition fondamentale de l'âme, une manière d'être, un *état*. Dès lors l'union ne cesse jamais ; elle peut être plus ou moins parfaite, elle n'est jamais dissoute. Les liens sont plus ou moins serrés ; mais jamais ils ne se brisent. A ce point de vue la prière est *continuelle* ; elle n'est pas autre chose que « l'état habituel d'un être qui vit en communion avec Dieu et entretient avec Lui un échange incessant. Ainsi comprise la prière ne saurait être bornée ni liée à certains moments ou à certaine heure. Elle est constante et continue. Cela ne veut pas dire que la vie telle que la conçoit l'évangile, soit toute mystique et contemplative ; la prière n'exclut pas l'activité, mais la fortifie, et l'activité ne chasse point la prière, mais l'appelle et l'entretient. » (M. Bois, article sur la prière, *Encyclopédie des sciences religieuses.*

Ainsi donc étant données les variations du second élément de la prière, celle-ci est ou bien un acte particulier, s'accomplissant à certaines heures, ou bien une manière d'être fixe et durable, que cet acte, souvent répété, tend à créer.

Remarquons toutefois que lorsque la prière devient un état constant, les autres éléments sont toujours présents. Seulement, dans ce cas, le mouvement vers Dieu est incessant, les demandes se succèdent sans interruptions, l'entretien est constant; la vie, l'activité acquièrent leur maximum d'intensité. Quoi d'étonnant, il s'agit d'unir la vie humaine à la vie divine! celle-ci passe toute entière dans celle-là !

On aimerait scruter les horizons que nous ouvrent cette vie en commun, telle que Jésus nous la révèle. La vie de nos jours qui paraît si intense, si active n'est rien à côté de celle-ci. Et si le monde pratiquait la prière ainsi conçue, nous ne savons quel avenir lui serait réservé.

Mais le temps nous manque ; il nous suffisait de noter ce fait qu'a mis en lumière l'étude rapide du second élément de la prière.

§ 3. — Le troisième élément se décompose lui-même en plusieurs éléments. Il s'agit de l'entretien avec Dieu. L'élément essentiel de l'entretien avec Dieu est sans contredit la demande, voilà pourquoi nous avons dit que la prière était une demande tout aussi bien qu'un entretien Nous parlerons plus tard spécialement de la demande, en traitant de ce qu'elle doit contenir et du modèle de prière que nous a laissé Jésus. Avant de le faire, il nous faut dire quelques mots rapides des autres éléments qui constituent l'entretien avec Dieu.

L'un de ces éléments est là *confession* que l'on fait à Dieu de ses péchés ; ou à un autre point de vue l'*humiliation* que l'on éprouve en présence de Dieu. Le type de la prière, considérée à ce point de vue, est la prière du péager, telle que nous la décrit Jésus en l'approuvant : « Le péager, se tenant à distance, ne se permettait pas même de lever les yeux au ciel ; mais il se frappait la poitrine en disant : « O Dieu sois apaisé envers moi qui suis pécheur. » Tout dans cette scène exprime une profonde humiliation ; le péager frappe son cœur parce qu'il est le siège de la vie personnelle et du péché. Tout homme en priant doit imiter le péager. D'ailleurs nous savons que Dieu voit ce qui est caché (Matth., VI, 5). Comment donc ne pas être humilié à la pensée d'être vu entièrement par Lui, le Très-Haut, le Dieu trois fois saint ; nous qui sommes si mauvais et si méchants? Comment ne pas tomber à genoux, se frapper la poitrine et confesser toutes nos fautes en nous humiliant et en demandant pardon?

Un autre élément de l'entretien avec Dieu, c'est l'*adoration* et la *louange*. Jésus loue Dieu (Matth., XI, 25; Luc, X, 21); nous devons donc l'imiter. D'ailleurs, l'amour pour Dieu que Jésus développe en nous, se change logiquement en adoration, dès que nous nous trouvons en présence de Dieu, de notre Père. Dès que nous arrivons devant Dieu, il est impossible de ne pas le *louer* ; et cette louange exprime notre adoration ; c'est le culte que nous lui rendons. Adorer, emprunte à honorer, l'idée d'hommage, d'honneur, et à vénérer celle de crainte respectueuse, mais il complète ces idées par celle d'un amour profond et sans bornes. Jésus prouve que l'adoration fait partie de la prière, par la manière dont il se prosternait quant il priait. Nous devons faire de même; mais n'oublions pas que l'attitude à prendre est celle de l'enfant à l'égard du Père par excellence. Ceci suffit pour faire comprendre ce qu'est l'adoration.

Cet élément mériterait une étude spéciale; nous regrettons de lui consacrer seulement ces quelques mots.

L'action de grâces est, elle aussi, un élément essentiel de l'entretien avec Dieu. Dès que nous arrivons devant Dieu, il nous est impossible de ne pas le remercier de tout ce qu'il fait pour nous. C'est même un devoir de le prier spécialement pour lui exprimer notre reconnaissance. Il nous faut accomplir ce devoir dès que nous recevons un des bienfaits de notre Dieu, quels qu'ils soient. Ici encore l'exemple de Jésus-Christ nous sert d'enseignement et prouve que l'action de grâces fait partie intégrante de la prière.

Il nous reste un dernier élément à constater, c'est l'*intercession*. L'exemple de Jésus nous prouve quil faut prier pour autrui. D'ailleurs son ensignement est clair sur ce point : « Priez pour ceux qui vous persécutent (Matth., v, 44 ; Luc, vi, 28). » Dans le passage où se trouve notre texte, l'exubérance de l'amour se fait jour d'une admirable manière. Jésus énumère les diverses manifestations de l'amour ; et la manifestation suprême est l'intercession. Celle-ci est donc un devoir évident. S'il faut prier pour des ennemis, à plus forte raison devons-nous prier pour ceux qui nous tiennent de près, soit par les liens du sang, soit par les liens du cœur. D'ailleurs, la charité n'ayant pas de limite, l'intercession ne saurait en avoir.

Elle est toute naturelle, car n'oublions pas que la loi du monde moral, révélée par Jésus, est que tous les êtres doivent s'unir et se rendre ensemble auprès de Dieu. Quand donc chacun se trouve, pour lui-même, en présence de Dieu, comment ne se rappellerait-il pas qu'il doit s'y trouver avec tous ses frères ? comment ne parlerait-il pas à Dieu de ceux qui doivent lui être aussi étroitement unis? Magnifique conception que celle de la prière pour autrui! elle nous révèle un amour sans limite, l'amour par excellence ; puisque prier ainsi c'est s'oublier au point de ne parler à Dieu que des autres et non de soi, au point de ne lui adresser des demandes que pour les autres et non pour soi!

L'intercession est un élément essentiel de la prière; celle-ci est, en un sens, une demande, avons-nous dit; nous pourrions ajouter une demande pour nos frères. Le chrétien, arrivé à un degré avancé, prie pour ses frères bien plus souvent que pour lui.

Pour bien rendre la pensée de notre Maître, il faudrait traiter ici, en parlant de l'intercession, ce que nous allons traiter plus loin, en parlant des demandes que nous adressons à Dieu pour nous. Il suffit pourtant d'établir ce grand principe : on ne saurait demander à Dieu des grâces pour soi, sans les demander pour ses frères. Le principe découle de cet autre posé aussi par Jésus : tous les hommes ne doivent faire qu'un entre eux et avec Dieu. Ceci établi, nous devrons nous le rappeler constamment quand nous parlerons de ce que nous demandans à Dieu pour nous-mêmes, dans la prière.

Nous avons épuisé l'énumération des principaux éléments de la prière, telle que nous l'a révélée Jésus par son enseignement. Nous avons dû les séparer pour mieux les reconnaître; mais n'oublions pas qu'ils doivent se trouver réunis dans toute prière. Nous élever à Dieu, nous unir à Lui, l'adorer, lui confesser nos fautes en nous humiliant, le remercier de tous ses bienfaits, lui exposer nos demandes et celles d'autrui, voilà ce qui constitue la prière; ces divers éléments forment un tout parfait; il suffit de placer l'homme eu présence de Dieu et de se demander ce qu'entraîne cette réunion pour constater que chacun des élémencs cités doit logiquement, nécessairement se trouver dans la prière ; ils s'enchaînent les uns les autres, ils se déduisent les uns des autres.

Supprimer l'un de ces éléments ou prétendre que la prière est seulemnt l'un d'eux, ce serait se mettre en contradiction directe avec l'enseignement de Jésus-Christ.

Avant d'aller plus loin, il nous faut connaître la position respective des éléments qui composent la prière. Celle-ci se présente comme une scène dont l'homme et Dieu sont les acteurs ; quel est l'ordre chronologique des diverses phases que contient cette scène? c'est d'abord le mouvement qui nous élève vers Dieu ; c'est ensuite l'acte qui, ou bien crée l'union avec Dieu, si déjà elle n'existe pas, ou bien la développe et la transforme en un Etat. Vient en troisième lieu l'entretien avec Dieu qui se décompose lui-même, nous l'avons vu, en plusieurs éléments, dont l'ordre chronologique est indifférent ; ceci se comprend aisément. Mais il est de toute importance de noter que la demande ou tout autre élément de l'entretien ne peut pas, ne doit pas précéder le mouvement vers Dieu, l'union avec Lui. Lorsque nous nous sommes unis à Dieu, alors seulement il nous est permis de lui exposer nos demandes, de nous entretenir avec Lui. Evidemment l'entretien pourra cimenter encore mieux l'union, mais celle-ci doit déjà exister avant celle-là. Il sera nécessaire de se rappeler cette remarque quand nous examinerons quelles demandes il faut adresser à Dieu ; ce que d'ailleurs nous allons voir.

CHAPITRE IV

Que doit-on demander dans la prière ?

§ 1er. — Les divers éléments de l'entretien avec Dieu

sont évidemment tous fort importants : mais une place
très grande est naturellement laissée à la demande. Car,
en somme, si l'homme prie, c'est parce qu'il a des
besoins ; qui dit besoins dit demandes à exprimer (il
demeure entendu que sous le mot de demande nous comprenons tout ce qui est vœu, désir, souhait, etc.), et demeure entendu aussi que ce que nous allons dire, se
rapporte aux demandes pour autrui, tout autant qu'a
celles pour soi).

Jésus, d'ailleurs, attribue une grande place à la demande, dans la prière, puisque, comme nous l'avons vu,
il parle fort souvent de ce que nous demandons à Dieu. Il
est donc important de savoir ce que, d'après Lui, nous
devons demander à Dieu. Que peut-on lui demander ?

Poser ainsi la question serait supposer qu'il y a une
limite à nos demandes ; cette limite existe-t-elle pour
Jésus ? c'est ce qu'il importe avant tout de savoir.

N'y a-t-il donc pas des désirs, des vœux que nous ne
devrions pas exposer à Dieu ? Il faut s'entendre à ce sujet.
Quand on se pose la question, veut-on parler de désirs
mauvais et coupables qu'on voudrait voir réaliser ? dans
ce cas il va de soi que nous ne devons pas demander à
Dieu de les réaliser. Mais il faut remarquer que, même
alors, nous devons faire connaître à Dieu ces désirs ;
seulement ce n'est plus une *demande,* c'est une *confession.*
Tout le monde s'accordera pour dire que nous ne devons
demander que de bonnes choses, que des biens. Mais la
distinction est-elle facile à faire ? Il peut arriver que nous
ne sachions pas si tel désir est bon ou mauvais. Que faire
dans ce cas ? Et de plus faut-il demander tout ce qui constitue des biens ? Faut-il demander des biens spirituels et
des biens temporels ? En outre, la réalisation de tel autre
désir semble chose impossible. Faut-il quand même la ré-

clamer de Dieu? Faut-il, en un mot, demander à Dieu *son intervention pour accomplir un miracle ?* Il est intéressant de savoir si Jésus donne une réponse à ces questions.

Remarquons tout d'abord que, nulle part, Jésus n'établit de distinction entre les désirs, les besoins que nous pouvons avoir. Il n'impose aucune gêne à la prière. Or, c'est lui en imposer une que de vouloir établir de soi-disantes catégories de désirs, de souhaits. L'âme qui prie, en toute conscience, a besoin de se montrer toute entière à Dieu et telle qu'elle est. Ce n'est ni raisonnable ni logique de vouloir forcer l'âme, qui a besoin de prier, à se cacher en partie à Dieu, à ne pas s'ouvrir toute entière. Jésus savait que toute âme qui prie se laisse aller à l'effusion quand elle s'efforce de s'unir à Dieu ; et que dans cette effusion, elle ne peut établir de distinction entre les désirs qu'elle éprouve.

Aussi Jésus n'impose-t-il aucune limite à nos demandes (Jean, XIV, 12, *ss ;* XV, 7-16 ; XVI, 23-26 ; Matth., XVIII, 19-20 ; XXI, 22 ; Marc, XI, 24, *ss*). Dans tous ces passages, Jésus laisse supposer que *nous pouvons demander tout ce que nous voudrons.*

Mais Jésus fait pourtant une restriction ; elle est de toute importance. Nous pouvons faire toutes sortes de demandes, mais elles doivent être faites au nom de Jésus (Jean, XIV, 12, *ss ;* XV, 16 ; XVI, 23-26) ; nous devons demeurer en Lui, et ses paroles doivent demeurer en nous (Jean, XV, 7). Autrement dit, nous pouvons adresser à notre Père toutes sortes de prières, mais seulement si nous sommes dans certaines conditions. Nous verrons tout à l'heure quelles sont ces conditions. Dès maintenant nous pouvons dire qu'elles se résument en ceci : l'union avec Jésus rendant possible l'union avec Dieu. Supposons cette union réalisée ; le chrétien ne pourra-t-il pas alors exposer toutes ses demandes à Dieu ? Toutes ces demandes, quelles qu'elles soient, ne constitueront-elles pas un bien? Le nier, serait dire qu'uni à Jésus, et par Lui à Dieu, l'homme peut avoir encore des désirs mauvais ; cela serait absurde; cela serait prétendre qu'une eau bourbeuse peut sortir d'une source claire, limpide et pure.

D'un autre côté on n'arrive pas évidemment du premier coup à cette union avec Jésus, donnant naissance à l'union avec Dieu. Dans ce cas que faut-il faire? Peut-on tout demander? Jésus ne le dit pas d'une manière catégorique. Il se place à un autre point de vue que nous allons indiquer; mais, étant donné le fait qu'il n'impose aucune gêne au besoin naturel qu'à l'âme de s'ouvrir complètement à son Père, nous pouvons conclure qu'il n'établit pas de limites à nos demandes. Mais il indique nettement le but que doivent poursuivre dans leurs demandes ceux qui n'ont pas encore atteint l'idéal, c'est-à-dire l'union avec Jésus, conduisant à l'union avec Dieu. Et c'est là le point de vue auquel il se place. A ceux qui ne sont pas encore dans les conditions voulues pour demander, sans arrière-pensée, sans crainte de se tromper, tout ce qu'ils désireront, Jésus ne donne pas une distinction à établir entre leurs désirs, mais il leur montre ce qu'il y a d'essentiel à poursuivre, et par conséquent à demander. En somme, d'où vient que nous ne savons pas toujours si tel ou tel désir est un bien oui ou non, s'il peut être ou n'être pas réalisé? de l'imperfection de notre nature. Donc le but essentiel à poursuivre est notre propre perfectionnement. Il ne sera atteint que si nous nous unissons à Jésus, et par Lui à Dieu, que si nous recevons l'Esprit Saint, que si nous devenons citoyen du royaume des cieux, où l'union avec Jésus et avec Dieu est chose certaine. Donc l'essentiel est de chercher avant tout le royaume des cieux, sans s'inquiéter de quoi que ce soit, sans prendre souci de nos autres besoins, dont Dieu s'occupe (Matth., VI, 31-33; Luc, XII, 29-31); l'essentiel est de demander le Saint-Esprit (Luc, XI, 13).

Mais de ce que telles doivent être nos demandes essentielles, il ne s'en suit nullement que cela soit nos seules demandes. Jésus nous laisse absolument libres; la seule règle sera, comme nous le verrons, de remplir certaines conditions, si nous voulons bien prier.

D'ailleurs, et il est bon de le rappeler encore, l'union avec Dieu exige avant tout que nous allions à Lui tels que nous sommes. Jésus, voulant cette union, n'a certes pas eu l'intention d'arrêter l'effusion naturelle de l'âme, qui va à Dieu pour lui faire toutes ces confidences; par conséquent, lui imposer tous ses besoins, tous ces désirs; une telle effusion rend en effet l'union de deux êtres réels ou vivants.

D'ailleurs Jésus a su montrer d'une manière admirable à ses disciples ce qu'il fallait demander à Dieu en leur donnant un modèle de prière.

§ 2. — La prière dominicale mériterait à elle seule une longue étude, et cette étude n'épuiserait certes pas les magnifiques richesses qu'elle contient. Etant obligé de restreindre notre travail, il nous est absolument impossible d'approfondir toutes les questions que fait naître l'étude de cette prière. Nous n'en parlerons donc ici que pour confirmer ce que nous avons dit jusqu'ici.

La prière dominicale répond évidemment à la préoccupation, au besoin de savoir ce qu'il faut demander à Dieu. Jésus n'a certes pas voulu nous astreindre à suivre scrupuleusement cette formule, de telle sorte que nous ne puissions jamais nous en éloigner, quand nous prions. Il ne l'a pas voulu, car nous savons qu'il n'impose aucune gêne à l'effusion de l'âme qui prie. Seulement cette prière est tellement bien construite, elle est « si bien l'expression de tous les vrais besoins de l'Eglise et de l'individu, que nous ne pouvons pas nous trouver dans la vie en présence d'aucune circonstance qu'elle n'ait déjà prévue. » (Martensen, dogmatique chrétienne, page 646). Elle est « le type dont l'empreinte doit se retrouver, mais d'une manière libre, variée, spontanée, dans toute prière chrétienne. » (Godet, commentaires sur Luc, tome II, page 58). Si l'on y fait bien attention, tous les éléments de la prière, que nous avons cités, se retrouvent ici. D'abord l'élévation vers Dieu : s'écrier avec ferveur : notre Père qui es aux cieux, c'est tout à la fois indiquer le lieu où l'on doit trouver ce Père et s'efforcer de s'y rendre. L'union avec Dieu se manifeste de toute évidence dans cette prière par *l'esprit filial* que supposent, et l'objet des demandes qui se rapportent aux intérêts de Dieu, et l'ordre des demandes, qui donne la priorité absolue à la cause de Dieu. N'est-ce pas s'unir parfaitement que de s'occuper ensemble de ce qui en constitue le but? L'adoration découle, sans nul doute, des demandes qui concernent les intérêts de Dieu ; on ne peut demander, par exemple, à Dieu que son nom soit sanctifié, sans le glorifier. « Délivre nous du mal » implique nécessairement la confession de nos péchés, l'humiliation. L'action de grâces est, sans contredit, sous entendue ; il est impossible d'exposer ses besoins à Dieu, comme le font les dernières demandes, sans le remercier de ce qu'il a déjà fait. Quant à l'intercession elle est évidemment contenue dans cette prière ; le chrétien se considère comme membre de la famille de Dieu ; il dit : *nous* et non pas *moi* ; l'intercession se confond avec la supplication personnelle. Quant à la demande, cette prière en est une d'un bout à l'autre.

Nous voyons donc confirmé ici ce que nous avons trouvé dans l'enseignement de Jésus touchant les éléments de la prière.

La prière dominicale répond, avons-nous dit, à la préoccupation de savoir ce qu'il faut demander à Dieu.

Elle nous prouve qu'il n'y a pas de limite aux demandes adressées à Dieu, car elle contient, d'une façon générale, tout ce qui peut-être pour l'Eglise et pour le simple fidèle objet de prière, de demande ; elle nous montre en même temps qu'il y a des demandes essentielles à faire avant tout puisqu'elle place les demandes exposant les besoins de l'homme après celles indiquant les intérêts de Dieu.

Il serait bon d'étudier en détail chacune de ces demandes ; le temps nous manque. Nous nous bornerons à les résumer par une citation de Martensen ; elle nous montrera excellemment comment cette prière répond à toutes les questions que nous avons groupées autour de celle-ci : que peut-on, que doit-on demander ?

« Les premières demandes « que ton nom soit sancti-
« fié, que ton règne vienne, que ta volonté soit faite, »
« expriment l'idéal éternel vers lequel doit tendre toute
« existence humaine, et qui ne sera pleinement réalisé
« que dans l'accomplissement de toutes choses, lorsque
« Dieu sera tout en tous, mais cet idéal, que seul contient
« l'éternité, nous devons le poursuivre dans le temps en
« nous associant aux besoins, aux travaux et aux souffran-
« ces de l'Eglise ; et plus nous prierons, et plus nous ver-
« rons sa réalisation s'anticipant, s'antidatant dans le temps,
« car celui qui prie en immolant son cœur à Dieu, en
« identifiant sa volonté à la sienne trouve dès ici-bas et
« dès maintenant son véritable repos en Dieu. Les autres
« demandes pour le pain quotidien, pour le pardon des

« offenses, pour la délivrance de la tentation et du mal,
« nous indiquent la voie qui conduit au but éternel, et
« nous dépeignent la vie dans le temps, le besoin terrestre,
« les nécessités spirituelles, le combat et le danger. La
« demande du pain de chaque jour venant avec celle des
« biens éternels, nous dit quelle est la véritable place de la na-
« ture dans ses rapports avec le royaume de la grâce. Ce
« n'est donc qu'après avoir prié pour que la volonté de Dieu
« soit faite, et que son règne vienne, que l'Eglise prie
« pour les biens terrestres. Il ne faudrait pas induire de
« là que la prière concernant les événements temporels
« n'est qu'une illusion, ces événements suivant toujours
« leur cours alors même que cette prière ne serait pas
« faite. L'illusion, au contraire, consisterait à croire que
« Dieu, qui admet la prière pour les changements et les
« transformations qui s'accomplissent dans le monde des
« âmes, est incapable de la comprendre et de l'exaucer
« dans le monde des réalités extérieures. Mais incapables
« que nous sommes de connaître le plan divin, il faut que
« nous subordonnions toujours, dans nos prières, notre
« volonté et nos circonstances, qui ne sont que pour un
« temps à ce qui est éternel. » (Martensen, dogmatique
« chrétienne, page 648, traduction de M. Ducros). »

Nous en avons assez dit sur la prière dominicale pour
pouvoir affirmer qu'elle confirme absolument ce que nous
avons précédemment trouvé dans l'enseignement de Jésus.

Au point où nous en sommes nous savons donc ce
qu'est la prière, quels en sont les éléments, quel en est
le contenu ; nous savons qu'une telle prière a sa raison
d'être, et qu'elle s'impose sinon à tout le monde, du
moins à ceux qui ont besoin absolument de Dieu, et sentent leur faiblesse. Nous savons que Dieu est abordable
pour tous ceux qui font une telle prière, mais il l'est seu-

lement dans certains cas; autrement dit : la prière, pour être ce qu'elle doit être, est soumise à certaines conditions. Il nous faut les examiner.

CHAPITRE V

Conditions de toute bonne prière; efficacité d'une telle prière

§ 1er. — Elles sont fort nombreuses et Jésus met un soin particulier à nous en parler. Il le fait, sans doute, comme toujours, incidemment; mais c'est avec une telle netteté, une telle clarté, qu'il en résulte une impression fixe et durable.

Ces conditions jettent un jour particulier sur la prière, et la font très bien comprendre, aussi est-il nécessaire de les énumérer, nous le ferons le plus rapidement possible.

Une de ces conditions est qu'il faut prier avec *amour*. Le cœur tout entier doit être à la prière. Comment s'unir à Dieu si on ne l'aime pas? Cette condition se comprend d'elle-même. Jésus, par tous les moyens possibles, développe la vie du cœur; quand donc le chrétien prie son cœur doit se porter tout entier vers Dieu. Le cœur étant à la prière, celle-ci se fait avec *recueillement* et avec *attention*. Aussi se trouvent réalisés les conseils que Jésus donne quand il dit d'entrer dans son cabinet et de fermer la porte; pris au figuré, ces mots peuvent signifier parfaitement le recueillement, l'attention; c'est dans la *sollitude* du cœur qu'il faut prier. Cette condition doit être remplie à un second point de vue; il faut prier avec amour, c'est à dire en ayant dans son cœur la *charité*, en ayant un cœur pur. Jésus nous le dit expressément : « Quand vous êtes debout en prières, si vous avez quel- « que chose contre quelqu'un, pardonnez, afin que votre

« Père qui est dans les cieux vous pardonne aussi vos
« offenses (Marc, XI, 25). » Poser une telle condition c'est
élever du coup la prière à une hauteur morale incomparable, c'est en donner une idée magnifique. L'homme qui
remplit cette condition, à ces deux points de vue, peut
avoir la prétention de croire qu'il est tout près de Dieu,
uni à Lui, et que son Père l'écoute.

La volonté est, elle aussi, en jeu dans la prière. Jésus
exige de ceux qui prient un *effort* considérable ; à ce point
de vue, il nous présente la prière comme une œuvre à
faire, comme un but à atteindre. La vraie prière est un
idéal, puisqu'elle comprend l'union avec Dieu. Idéal
haut placé ! pour l'atteindre, il faut donner à l'âme un
vigoureux élan. D'ailleurs nous savons que la prière est
aussi un mouvement ; tout mouvement nécessite un *déploie-*
ment de force, un *effort*.

Si la prière comme *mouvement* vers Dieu et comme
union avec Lui, exige l'effort de la volonté ; la prière,
comme *demande* a besoin elle aussi de la volonté. Jésus
veut, en effet, que le chrétien prie avec *persévérance*; o[r]
rien ne réclame de plus sérieux efforts que la persévérance. Jésus va même jusqu'à comparer cette persévérance
dans la prière, à l'importunité à l'impudence que met un
homme à réclamer de son ami quelques pains (Luc, XI. 1
et *ss.*), ou que met une femme à obtenir justice d'un
juge inique (Luc, XVIII, 1 et *ss.*).

Mais de ce que la volonté joue un rôle important dans
la prière, de ce qu'il soit nécessaire de prier avec effort et
persévérance, ce serait une grave erreur de croire qu'on
puisse imposer sa volonté à Dieu. Jésus exige au contraire
que le chrétien prie en *conformant sa volonté* à celle de
Dieu ; la prière est un désir exprimé avec force, mais un
désir *soumis*. S'il n'en est pas ainsi, l'union avec Dieu est

impossible; car unir deux volontés en désaccord est un non sens. Il faut que s'il y a divergence d'idées, l'une des deux volontés cède. Or, est-ce à l'homme à imposer sa volonté? est-ce à Dieu à se soumettre? Le chrétien doit donc demander avec force et persévérance, mais en ajoutant toujours : *si possible*. Nous connaissons sur ce point le sublime exemple que Jésus nous a donné en Gethsémani. Prier ainsi, ce sera prier avec *résignation*. Ceci se comprend assurément sans qu'il soit nécessaire d'insister davantage.

Si nous devons présenter ainsi tous nos désirs avec *soumission* et *résignation*, cela tient à l'imperfection de notre nature asservie au péché. Nous sommes obligés de ne nous présenter devant le Dieu trois fois saint qu'avec *humilité*. Cette condition explique les précédentes. La conscience joue donc un rôle des plus importants dans la prière; nous prierons mal si nous ne laissons pas parler notre conscience quand nous prions, si nous ne l'écoutons pas. Dans ce cas, notre prière sera celle du pharisien flagellé par Jésus; dans le cas contraire, ce sera celle du péager, qu'il approuve hautement (Luc, xviii, 9-14).

Le cœur, la volonté, la conscience jouent donc leur rôle dans la prière; et le bon sens et la raison? l'affirmer serait contredire l'opinion que tant de personnes s'efforcent d'accréditer touchant la prière; pour elles la prière n'est qu'une rêverie mystique d'où la raison et le bon sens sont toujours absents. Nous n'avons pas à discuter cette opinion; mais nous avons à rechercher si le bon sens et la raison sont en jeu quand l'homme prie. Rappelons-nous ces paroles si intéressantes de Jésus : « Quand vous priez « ne bredouillez pas, comme font les païens, qui s'imaginent que par leur flux de paroles ils seront excausés. « Ne leur ressemblez point; votre Père sait ce dont vous

« avez besoin avant que vous le lui demandiez (Matth.,
« VI, 1-9). » Jésus réclame pour toute prière de la clarté,
de la netteté; il veut que la prière soit simple, précise, austère. On s'adresse à quelqu'un qui connaît si
bien celui qui le prie, qu'il sait ce dont il a besoin avant
même qu'il le lui demande. En disant cela, Jésus ne veut
certes pas rendre la prière inutile; mais il le dit pour
montrer qu'elle doit être rapide, nette et simple. Il suffit
de peu de mots pour se faire comprendre de Dieu; mais
ils doivent être bien sentis, ils doivent exprimer clairement
ce que l'on désire. Dire qu'il faut donner à la prière de
telles qualités, n'est-ce pas dire qu'il faut prier avec bon
sens et raison?

Le bon sens et la raison jouent un rôle dans la prière, à
un autre point de vue. Il nous faut avant tout demander
de bonnes choses, avons-nous dit. Mais, dans la vie journalière, il se présente une infinité de cas embarrassants,
où grande est la difficulté de discerner ce qui est bon de
ce qui est mauvais. Or, dès qu'il s'agit de discerner quelque chose, nous faisons appel au bon sens et à la raison.
Logiquement donc, étant donnée la nécessité de demander
avant tout de bonnes choses (Matth., VII, 7 et ss;; Luc, XI,
9 et ss.), la raison et le bon sens ont un rôle à jouer dans
la prière..

Une autre condition essentielle de toute vraie prière
est qu'il faut prier *avec foi* (Matth., XXI, 22; Marc, XI, 24),
Au point de vue de la prière, qu'est-ce qu'avoir la foi ?
c'est tout d'abord croire que Dieu existe, c'est avoir cet
organe nécessaire pour *voir* Dieu. La grande difficulté,
en effet, dans la prière, c'est que nous ne voyons pas
Dieu, comme nous voyons telle ou telle personne; ceux
qui se heurtent à cette difficulté et se laissent embarras-
ser par elle font des prières sans vie et sans vigueur, parce

qu'ils regardent pour ainsi dire dans le vide. Mais pour ceux qui ont *la foi,* il en est tout autrement; ceux-là *voient* Dieu. Il faut donc avoir la foi pour prier. C'est de toute évidence. A ce point de vue, la prière sans la foi ne se comprend absolument pas.

Avoir la foi c'est croire en outre que ce Dieu, que nous *voyons,* est notre Père et que, par conséquent, il s'occupe de nous comme un père s'occupe de son enfant; c'est croire qu'il vit avec nous et pense constamment à pourvoir à nos moindres besoins; c'est avoir confiance pleine et entière en lui; il nourrit les oiseaux du ciel, il revêt l'herbe des champs; ce serait avoir peu de foi de supposer qu'il ne pourvoira pas à nos moindres besoins (Matth., VI, 25, *ss.,* Luc, XII, 22-30).

Avoir la foi c'est, en somme, croire que le père qui prend un tel soin de nous, peut satisfaire tous nos besoins; c'est *croire que rien ne lui est impossible.* Prier avec foi c'est donc prier avec l'assurance que tout est possible à Dieu ; demander avec foi, c'est demander avec une confiance pleine et entière en la puissance de celui qu'on invoque. Mais bien entendu il faut demander *humblement,* et ne pas se figurer que parce que Dieu peut tout, nous pouvons tout lui demander; n'oublions pas qu'il faut subordonner notre volonté à la sienne. Maintenant que nous voyons ce qu'est la prière avec foi nous comprenons que toute prière d'où la foi est absente est un non sens.

Mais toutes les conditions que nous venons d'énumérer peuvent-elles être toutes remplies par l'homme livré à ses propres forces? Evidemment non. d'après Jésus. Pour ne parler que de la foi, par exemple; l'homme, livré à lui-même, ne peut ni savoir si Dieu existe, ni le connaître; il ne peut donc pas être sûr que Dieu estime sa prière, et qu'il peut tout; autrement dit, il ne peut avoir la foi.

Il en est de même de toutes les autres conditions s'il s'agit bien entendu de les remplir complétement et toutes ensemble.

Comment résoudre une pareille difficulté? Jésus le fait en rappelant qu'il y a une condition essentielle, la condition par excellence à remplir; cette condition, c'est la prière au nom de Jésus (Jean, xiv, 12; xv, 7-16; xvi, 25-26; Matth., xviii, 19-20). Elle résume toutes les autres, les contient toutes; et surtout les rend toutes possibles.

Qu'est-ce que prier au nom de Jésus? On l'a expliqué de bien des manières. Prier ainsi, c'est prier : en invoquant le nom de Jésus (Chrysostome); par ses mérites (Caloo); dans l'élément de sa vie (Meyer); dans son esprit et pour sa cause (de Wette) etc., etc... Tous ces points de vue sont exacts; chacun a sa raison d'être, étant données les nombreuses significations qu'on peut voir dans ce mot : le nom de quelqu'un. Un nom, c'est ce qui sert à distinguer une personne d'une autre personne; une personne se distingue par son caractère, ou encore son esprit, ou encore sa vie toute entière, ou bien par telle œuvre éclatante de sa vie, par conséquent par ses mérites, etc. On voit donc comment les diverses interprétations, citées plus haut, ont leur raison d'être.

Nous croyons que Jésus en disant de prier en son nom, a voulu dire de prier en ne faisant qu'un avec Lui; autrement dit, prier au nom de Jésus, ce serait aller à Dieu à la place de Jésus, comme son remplaçant; ce serait prier absolument comme Jésus aurait prié, absolument comme si nous le remplaçions. En un mot pour bien prier, il faut avant tout s'être uni à Lui, uni dans ses pensées, ses sentiments, ses volontés; uni dans son œuvre, uni dans sa mort; et ainsi nous vivons en Jésus. Mais aussi Jésus est en nous; il pense, sent, veut, désire

en nous ; Dieu, en nous voyant à ses pieds, voit Jésus à
nos côtés.

Ce qui prouve qu'il faut entendre ainsi la prière au
nom de Jésus c'est le verset suivant, qui présente la même
idée à un autre point de vue : « Si vous demeurez en
moi et que mes paroles demeurent en vous, demandez ce
que vous voudrez, et cela vous sera accordé. » Jean xv. 7.
Qu'est-ce que demeurer en Jésus ; qu'est-ce, sinon lui
être uni ? Nous savons en outre que « nul ne vient au
Père que par moi » dit Jésus (Jean xiv, 6) ; nous ne
connaissons Dieu, que si nous sommes unis à Jésus ;
donc nous ne pouvons le bien prier que si nous sommes
unis à lui. Nous pourrions aisément trouver d'autres
passages qui prouvent que prier au nom de Jésus c'est
prier en lui restant uni. Mais ce que nous avons dit suffit ;
car, au fond, toutes les explications de la prière au nom
de Jésus reviennent à celle-ci, elle les comprend toutes,
les rend toutes vraisemblables.

Une fois unis en Jésus, il est évident que nous pourrons
remplir toutes les conditions précédemment énumérées.
Ceci n'a pas besoin d'être démontré.

Mais la prière au nom de Jésus se présente à nous
comme un idéal ; nous ne pouvons pas en effet être du
premier coup unis à Jésus ; dès-lors ne pourrons-nous
prier que lorque nos serons unis à lui ? Non certes ; mais
il ne nous faut jamais perdre de vue cet idéal de la prière ;
nos premières prières seront loin de cet idéal, sans
doute, mais elles doivent y tendre sans cesse, chaque fois
que nous prions nous devons remplir un peu mieux les
conditions voulues ; chaque nouvelle prière est un pas de
plus vers la prière idéale (1).

(1) Il va sans dire que, quoique l'union avec Jésus soit un idéal

Efficacité de la Prière

§ 2. — La prière est-elle efficace ? obtenons-nous de Dieu ce que nous lui demandons ?

L'enseignement de Jésus sur ce point est clair et précis.

Plaçons-nous d'abord en face de ce que nous avons appelé la prière idéale, la vraie prière, celle qui renferme tous les éléments que nous connaissons et qui se résume en la prière dominicale, en un mot celle qui est faite au nom de Jésus. Que devient une telle prière ? a-t-elle une réponse ? Cette répense est-elle affirmative ou négative ? Elle est affirmative, et elle l'est d'une manière absolue. Jésus le déclare expressément ; (Jean xiv, 12, *ss.* xv 7, 16 ; xvi, 23, 26 ; et xviii, 19 et 20). *Nous pouvons demander absolument tout ce que nous voudrons, pourvu que nous le demandions en son nom, celà nous sera accordé.* On ne peut être plus affirmatif ; on ne peut ouvrir devant l'homme de plus nobles, de plus sublimes ambitions. Mais la condition à remplir exprimée par le : en mon nom, est une condition *sine qua non* nous le savons. Si elle est remplie, il est absolument impossible que la prière ne

difficile à atteindre, il peut être réalisé, tout aussi bien que se réalise une union quelconque. Et ce que réalisera cet idéeal, c'est la *foi* en Jésus ; elle établit les liens entre Lui et nous ; elle les reserre et les maintient. Jésus d'ailleurs vient vers nous ; il fait les premiers pas ; il nous *attire ;* par ce moyen ; il rend la foi possible ; et celle-ci augmentant sans cesse, l'union s'établit de plus en plus. Remarquons en outre qu'être uni avec Jésus ne veut pas dire que nous lui sommes semblables, et que nous sommes arrivés à la perfection ; mais cela veut dire que nous nous jetons pour ainsi dire dans ses bras, que nous nous *abandonnons* à Lui pour qu'Il nous transforme. Or, cet *abandon* de nous mêmes n'est possible que si nous avons la foi en Jésus.

soit pas exaucée « si vous demeurez en moi, et que mes paroles demeurent en vous, vous demanderez tout ce que vous voudrez et cela vous sera accordé. » Le : *cela vous sera fait* n'a plus rien qui étonne, ou plutôt oui, il étonne ! mais c'est par le champs incommensurable d'activité qu'il ouvre devant le chrétien ! Jésus nous révèle donc une possibilité magnifique : la coalition de l'homme, de Jésus et de Dieu ! Si cette coalition se forme, tout ce que l'homme désirera arrivera sûrement. Qu'il exprime seulement un désir ; Jésus s'engage à l'accomplir au nom de son père (Jean xiv, 12 et *ss.*) Il est impossible d'imaginer une plus sublime conception. Et il est de toute évidence qu'avec une telleconception l'efficacité de la prière est chose incontestable.

La même efficacité est promise à la prière faite avec foi : « Tout ce que vous demanderez avec foi dans votre prière, vous l'obtiendrez. » (Matth.; xxi, 22). Il était difficile d'affirmer plus clairement l'action que peut avoir sur Dieu la prière faite avec foi. Certes, Jésus ne croyait pas seulement à une efficacité subjective. Le mot λήμψεσθε indique que l'objet pris ou plutôt reçu, est extérieur à la personne qui prend ou reçoit.

Mais il est évident que, du premier coup, le disciple de Jésus n'a pas cette foi qui transporte les montagnes et qui rend certaine l'efficacité de la prière ; il est évident aussi qu'il n'est pas uni, du premier coup, à Jésus. Dès lors, dans ce cas, évidemment nos prières seront plus ou moins sûrement efficaces, suivant qu'elles rempliront plus ou moins les conditions voulues. Telle est la règle qui se déduit de l'enseignement de Jésus. L'essentiel est donc d'en arriver à remplir les conditions voulues. Or, cela même doit faire l'objet spécial des prières de ceux qui ne sont pas encore complètement unis à Jésus. Ils doivent demander le Saint-Esprit (Luc, xi, 1, *ss*). Une telle demande est sûrement exaucée.

Jésus affirme « que le Père donnera le Saint-Esprit à « ceux qui le lui demandent » (Luc, xi, 1, *ss*). Recevoir le Saint-Esprit, aura pour résultat immédiat de nous unir à Jésus et à Dieu, de nous mettre par conséquent dans l'état où tout ce que nous demanderons nous sera accordé.

L'enseignement de Jésus sur l'efficacité de la prière est trop clair pour qu'il soit nécessaire d'insister davantage.

Nous sommes arrivés à la fin de notre travail; et nous en sentons les nombreuses lacunes. La manière dont nous avons exposé l'enseignement de Jésus sur la prière paraîtra trop systématique et pas assez exégétique. Il aurait, en outre, fallu bien mieux établir le contraste entre la prière juive et la prière telle que la concevait Jésus ; pour le faire, une comparaison détaillée était nécessaire; elle manque dans notre thèse, le temps nous ayant fait défaut mais pourtant la simple juxtaposition des deux enseignements suffira, croyons-nous, pour montrer la supériorité incontestable de l'enseignement de Jésus.

Au moment d'entrer dans le ministère, notre intention était de trouver, pour la vie religieuse dont notre génération semble s'éloigner, un point de départ inébranlable. Ce point de départ est la prière telle que la conçoit Jésus ; elle est une nécessité pour tous ceux qui souffrent, quelles que soient leurs douleurs. Sûr de ce fait, tout pasteur doit entreprendre sa tache avec un courage inébranlable.

THESES

—

I

Il est impossible à l'homme, soit de prouver l'existence de Dieu, soit de le connaître exactement, s'il n'a recours aux révélations de Jésus-Christ ; en dehors de ses révélalations il ne peut que soupçonner Dieu.

II

Le Dieu tel que nous l'a révélé Jésus-Christ répond seul pleinement aux besoins de l'âme humaine.

III

L'homme, tel que Jésus le conçoit, sent sa culpabilité, son impuissance à se transformer, sa complète dépendance à l'égard d'un Etre suprême qu'il devine sans le connaître.

IV

Etant donné la conception de Jésus sur Dieu et sur l'homme, la prière est une nécessité qui s'impose à la raison tout autant qu'au cœur et à la conscience.

V

La prière telle que la conçoit Jésus-Christ désigne tout à la fois l'*état habituel* d'une âme qui est *unie* à Dieu et l'acte par lequel cette âme s'élève vers Dieu et lui adresse soit des demandes pour elle et pour autrui, soit une confession de ses péchés, soit des louanges et des actions de grâces.

VI

La prière ainsi conçue, répond seule pleinement aux aspirations de l'âme humaine ; elle est donc inébranlable.

VII

La prière au nom de Jésus-Christ, autrement dit, la prière faite quand on est uni à Jésus est sûrement efficace.

VIII

La vraie religion a pour base la vraie prière ; elle est donc inébranlable et nécessaire.

Vu par le Président de la soutenance :
A. WABNITZ, professeur.
Le 22 octobre 1881.

Vu par le Doyen :
Ch. BOIS.

Vu et permis d'imprimer :
Le Recteur,
C. CAPMAS.

Montauban. — Typographie MACABIAU-VIDALLET, rue Bessières, 25.

www.ingramcontent.com/pod-product-compliance
Ingram Content Group UK Ltd.
Pitfield, Milton Keynes, MK11 3LW, UK
UKHW020028100726
13658UKWH00003B/1175